ریشه‌ها و نشانه‌ها در نمایش میر نوروزی

مرتضی مشتاقی

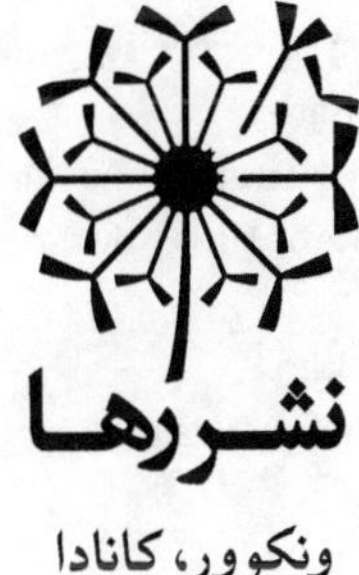

نشر رها

ونکوور، کانادا

نشر رها، بخش انتشارات کتاب رسانهٔ همیاری - ونکوور، کانادا

چاپ اول: ۲۰۲۳ میلادی - ۱۴۰۱ خورشیدی
همهٔ حقوق محفوظ و متعلق به «نشر رها» است.
هیـچ بخشـی از ایـن کتـاب بـدون اجـازهٔ مکتـوب ناشـر قابـل بازنشـر، تکثیـر یا
تولیـد مجـدد بههیـچ شـکلی از جمله چـاپ، کپـی، انتشـار الکترونیکـی، فیلم،
عکـس و صدا نیسـت.
ریشهها و نشانهها در نمایش میر نوروزی
نویسنده: مرتضی مشتاقی
ویراستار: سیما غفارزاده
طرح جلد: نغمه شاهرضایی
صفحهآرایی و چاپ: نشر رها
شابک نسخهٔ چاپی: 978-1-7777355-2-4
شابک نسخهٔ الکترونیک: 978-1-7777355-3-1

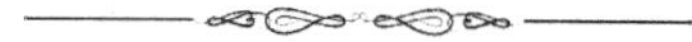

Rahaa Publishing is the book publishing division of Hamyaari
Media Inc.
PO Box 31055, St Johns Street, Port Moody, BC V3H 4T4, Canada
+1-604-671-9505
info@rahaa.pub
www.rahaa.pub

Rīshe'hā va neshāne'hā dar namāyesh-e Mīr-e Nowrūzī
(The Origins & Semiotics of Mir-e Nowruzi: An Iranian Folk Play)
Morteza Moshtaghi
Editor: Sima Ghaffarzadeh
Cover Design: Naghmeh Shahrezaie
Manufactured in Canada

فهرست

مقدمه ۱

چکیده ۵

بخش اول: میر نوروزی در صد سال گذشته ۷

میر نوروزی در کردستان ۱۱

نمایش میر نوروزی در بجنورد ۱۱

نمایش میر نوروزی در روستای رویین ۱۲

قدیمی‌ترین نشانه‌های نمایش میر نوروزی ۱۵

آیا مراسم میر نوروزی در بارگاه شاهان و امیران هم اجرا می‌شد؟ ۱۶

تفسیرهای نادرست از میر نوروزی ۱۹

نمایش‌های کوسه‌برنشین یک‌شکل نبوده‌اند ۲۳

آیا عمرسوزان به کوسه‌برنشین تبدیل شد؟ ۲۵

پیدایش مراسم عمرگُشان ۲۶

آیا کوسه‌برنشین تبدیل به میر نوروزی شد؟ ۲۸

کوسه‌برنشین در شهر میلاجرد ۳۱

تأثیر میر نوروزی بر دیگر نمایش‌ها ۳۴

بخش دوم: ریشه‌های نمایش میر نوروزی ۳۹

تاریخچهٔ میر نوروزی ۴۲

جشنواره‌های نوروزی ۴۳

بازی میر و وزیر ۴۵

تُرنابازی ۴۹

چگونه شبیه بازی میر نوروزی در ملت‌های دیگر ظاهر شده است؟ ۴۹

فرایند ۵۱

نمایشنامهٔ میر نوروزی ۵۳

پیش‌پرده ۵۷

پردهٔ اول ۵۸

پردهٔ دوم ۸۳

بخشی از فعالیت‌های مرتضی مشتاقی ۱۰۷

مقدمه

فرضیه و راستی‌آزمایی

فرضیه یا انگاره، حدسی است که قابل آزمایش بوده و از اهمیت والایی برخوردار است، زیرا پایهٔ تحقیقات بعدی می‌شود. به‌بیان ساده‌تر، هر فرضیه می‌تواند مورد آزمایش قرار گیرد و نقد و بررسی شود.

در جوامع پویا وقتی فرضیه‌ای بیان می‌شود، دیگران نقد و بررسی آن را آغاز می‌کنند و آن فرضیه به‌گونه‌های مختلف راستی‌آزمایی می‌شود. نتایج آزمایش هر چه باشد، بی‌پرده منتشر می‌شود. باید توجه داشت که اگر «فرضیه» نباشد، تلاش و تحقیق بعدی هیچ‌گاه شکل نمی‌گیرد، از این‌روست که نقش مهم آن روشن می‌شود.

معمولاً فرضیه از طرف افرادی بیان می‌شود که نسبت به موضوعی خاص مطالعه و نگاهی پرسش‌گر دارند. این افراد در بسیاری مواقع از فیلسوفان، سیاستمداران و هنرمندان و... بوده‌اند.

در جوامع پویا، مهم نیست چه کسی فرضیه می‌دهد. ارسطو باشد یا افلاطون، فروید باشد یا... در مرحلهٔ اول محققان با شک و تردید به آن نگاه می‌کنند. با تحقیق‌های مختلف درستی یا نادرستی آن را بررسی

می‌کنند، سؤال‌ها و جواب‌ها مطرح می‌شود و در نهایت، فرضیه در سطح وسیع پذیرفته، کامل‌تر و/یا رد می‌شود. با رد شدن هر فرضیه، راه جدیدی برای صاحب آن باز می‌شود. طرح قدیمی از ذهن پاک و تلاشی نو آغاز می‌شود.

در جوامع ایستا کمتر کسی به «فرضیه» عکس‌العمل نشان می‌دهد. گروهی برای نقد و بررسی شکل نمی‌گیرد. از بزرگان کیش شخصیت ساخته می‌شود و هر آنچه آن‌ها بیان کنند، بی‌هیچ چون‌وچرایی پذیرفته می‌شود. با فرضیهٔ آن‌ها به‌گونه‌ای رفتار می‌شود که گویا مرحلهٔ راستی‌آزمایی آن گذشته و مورد قبول نیز قرار گرفته است. از آنجایی که نظریه‌پرداز شخصیتی مورد احترام و اعتماد است، آزمایش، نقد یا زیرسؤال‌بردن فرضیهٔ او، بی‌احترامی به او محسوب می‌شود. این نوع فرهنگ، از پویایی جامعه به‌شدت جلوگیری می‌کند.

در عرصهٔ نمایش سنتی ایران نیز به‌خاطر کمبود اسناد، تاکنون ده‌ها فرضیه برای شخصیت حاجی‌فیروز و سیاهِ نمایش روحوضی مطرح شده است که با هم صد و هشتاد درجه اختلاف دارند. همچنین فرضیه‌هایی در ارتباط با نمایش میر نوروزی منتشر شده که امروزه منابع کتاب‌ها و مقاله‌ها شده است، بی‌آنکه این فرضیه‌ها توسط گروه بعدی یعنی محققان و علاقه‌مندان بررسی شده و مرحلهٔ راستی‌آزمایی را گذرانده باشند.

متأسفانه این‌گونه نظریه‌ها نه به‌عنوان فرضیه بلکه به‌عنوان منابع معتبر در دانشگاه‌ها تدریس و در مقالات پژوهشی استفاده می‌شوند. ادامهٔ این روند باعث درهم‌ریختگی اطلاعات عمومی می‌شود.

از یک‌طرف باید افتخار کرد که نظریه‌پردازان بی‌شماری در ایران داریم، زیرا باعث پایه‌ریزی تحقیقات بعدی می‌شوند و از طرف دیگر، باید تأسف خورد که نقد و بررسی و تحقیقات به‌صورت گسترده شکل

نگرفته اسـت، درستی یا نادرسـتی فرضیه‌ها هویـدا نشـده، در نتیجه جامعه در نوعـی به‌هم‌ریختگـی اطلاعاتـی و نامطلـوب قـرار گرفته اسـت.

نگارنـده اعتقـاد دارد هرچنـد دیـر، امـا بایـد شـروع کـرد. بایـد کیـش شـخصیت را کنـار بگذاریم و بـه فرضیه‌ها با شـک و تردید بنگریم. درسـتی یـا نادرسـتی آن‌هـا را بـا تحقیق‌هـای مختلف بیابیـم و به گفتمان بنشـینیم. در ایـن کار مقصـد را فقـط خـرد و روشـنگری بدانیـم. تنها با این حرکت اسـت کـه هم صاحبـان فرضیه خشـنود می‌شـوند و هـم دریچه‌ای به‌طـرف جامعۀ پویـا باز خواهد شـد.

چکیده

میـر نـوروزی، یکـی از نمایش‌هـای سـنتی ایـران اسـت کـه نظریه‌هـای مختلفـی دربارۀ آن نوشـته شـده اسـت. عـده‌ای آن را مرتبط با اسطوره‌ها می‌داننـد. کسـانی آن را برآمده از نمایـش «کوسه‌برنشـین» و دیگرانی هم آن را زادۀ رسـم «عُمَرسـوزان» می‌پندارنـد. برخی عقیـده دارند که رسـم میـر نـوروزی در بـارگاه پادشـاهان نیـز برگـزار می‌شـده و تعـدادی دیگـر مخالـف آن‌اند.

بسیاری از اندیشـمندان، به‌علـت تفسـیرهای گوناگونـی کـه از اسـناد تاریخـی داشـته‌اند، فرضیه‌هـای مختلفی عرضه کرده‌انـد. بنابرایـن، وقـت را مناسـب می‌دانیـم تـا گفت‌وگـو را آغـاز کنیـم، بیشـتر کنـار هـم باشـیم تا فرضیه‌هـا را به‌کمـک اسـناد آزمایـش و راسـتی‌آزمایی کنیـم.

شـک و تحقیق همـواره ابزارهای پیشـرفت انسـان بوده و اسـت که بسـیاری از مسـائل را تاکنون در جهان روشـن کرده اسـت.

نگارنـده سـعی کـرده با شـک و تردیـد به فرضیه‌هـا نگاه کـرده و با تحقیق و حلاجیِ نمایـش میـر نـوروزی، بـه پاسـخی مطلوب دسـت یابـد، دریچۀ گفت‌وگـو را بـاز نگـه دارد تا هرچه بیشـتر در ایـن مورد کندوکاو شـود.

در ایـن تـلاش، گزارش‌هـای چند نمایـش از میر نـوروزی در قرن گذشـته

مطالعـه و مشـخصات مشـترک آن‌هـا نشـانه‌گذاری شـده، به اسـناد تاریخی نمایـش رجـوع و به تعدادی از تفسـیرهای گوناگون پرداخته شـده است. در ایـن میـان نظریه یـا فرضیۀ بهـرام بیضایـی در مـورد نمایش میر نوروزی نیز راسـتی‌آزمایی می‌شـود.

در انتهـا به‌کمـک اسـناد، نمایـش میـر نوروزی ریشـه‌یابی و تلاش شـده تـا تعریفی مطلـوب از آن به‌دسـت آید.

بخش اول
میر نوروزی در صد سال گذشته

رسم میر نوروزی در قرن گذشته

نمایش میر نوروزی یکی از نمایش‌های سنتی ایران است که صدها سال قدمت داشته است. این نمایش کمدی در عید نوروز برای تفریح، خنده و شادی توسط مردم برای مردم اجرا می‌شد.

اول سال نو و در بعضی مناطق، نخستین چهارشنبهٔ سال نو، نوازندگان محلی در میدانی وسیع موسیقی نواخته و اهالی را حول خود جمع می‌کردند. سپس مردم از میان جمعیت امیری موقت انتخاب می‌کردند که میر نوروزی نام داشت. این امیر هرچه بیشتر گیج‌وگول بود، برای بازی مناسب‌تر بود، زیرا رفتار و فرمان‌های او خنده‌دارتر می‌شد. بعد از انتخاب امیر، افراد زیر نیز یک‌به‌یک از سوی امیر و گاهی با انتخاب مردم برگزیده می‌شدند.

۱- وزیر کهن (مشاور) که معمولاً از ریش‌سفیدان محل بود.

۲- وزیر دست راست

۳- وزیر دست چپ

۴- میرزا (منشی)، کسی که سواد خواندن و نوشتن داشت.

۵- جلاد

۶- سربازان

۷- نوازنـدگان نیـز از مطرب‌هـای محلـی بودنـد کـه به‌صورت ثابت در جشـن‌های مختلـف از جملـه نـوروز شـرکت می‌کردند.

۸- رقاصـان نیـز زنـان و مـردان محلـی بودنـد کـه معمولاً به‌صـورت گروهی می‌رقصیدند.

ایـن شـخصیت‌ها در شـهرهای مختلف ایران ممکـن بود با نام‌هـای دیگری هـم خوانـده شـوند، همچنیـن تعـداد ایـن افـراد ممکـن بـود گاهی بیشـتر یا کمتـر باشـد. امـا شـخصیت‌های اصلـی چـون امیـر، وزیرهـا، نوازنـدگان و مجریـان امـر، افـراد همیشـگی ایـن نمایش‌هـا بوده‌اند.

بـا انتخـاب امیـر و وزیـران و...، همـه به‌مدت پنـج روز و در بعضی نقاط سـیزده روز، موظـف بودنـد کـه از فرمان‌هـای میر نـوروزی اطاعـت کرده و آن‌هـا را عملـی کننـد. در برخـی مناطق، رسـم بر ایـن بوده که هـر زمان امیر می‌خندیـد، از قـدرت خلـع می‌شـد.

بعـد از مـدت مذکـور یـا خلع‌شـدن امیـر، افـرادی کـه از سـوی میـر نـوروزی جریمـه یـا مجـازات شـده بودنـد، در برخـی مناطـق امیـر موقت را تحقیـر می‌کردنـد و می‌خندیدنـد و در برخـی مناطـق دیگـر، کاری به او ندا شتند.

شـاهدان عینـی ایـن نمایـش در صـد سـال گذشـته گواهـی می‌دهند که سـنت میـر نـوروزی این‌چنیـن بـوده و به‌گونه‌هـای مختلـف در محله‌هـا، دِهـا و شـهرهای کوچک در نـوروز اجرا می‌شـده و تا کنون هیچ‌گاه در کل کشـور از سـوی امیـران یـا پادشـاهان برگـزار نشـده اسـت. در ایـن مـورد، به سـه مثـال توجه کنید. نخسـت بـه گزارشـی کـه جنـاب سـیروس معروفی در رابطـه بـا میر نـوروزی در کردسـتان نوشـته، دقـت کنید.

میر نوروزی در کردستان

«... مراسم «میر نوروزی» یا «میر بهاری» از جمله آیین‌های نمایشی پس از روز عید نوروز به‌شمار می‌آید که در گذشته با تشریفات زیادی بر پا می‌شد و در حال حاضر در منطقهٔ مهاباد هرساله در نخستین چهارشنبهٔ سال نو برگزار می‌شود و عموم مردم به آن علاقهٔ زیادی دارند. در این روز مردم از میان خود فردی عامی را به امارت و حکومت موقت برمی‌گزینند و به او عنوان «میر نوروزی» یا «میر بهاری» اعطا می‌کنند. او در این روز به‌هنگام طلوع آفتاب بر تخت می‌نشیند. سپس مرد «گوپال زیوین» (کسی که فرمان‌های امیر را ابلاغ می‌کند) در پیشگاه میر نوروزی یا میر بهاری تعظیم کرده و افراد تشکیلات حکومت موقت را (وزیر دست راست و چپ، خنجرزنان یا جلاد و...) معرفی می‌کند.»[1]

خراسان

در خاطرات و یادداشت‌های دکتر قاسم غنی اشاره‌ای به میر نوروزی در بجنورد شده است. او نوشته است:

نمایش میر نوروزی در بجنورد

«در سال ۱۳۰۲ جماعت کثیری از مردم سواره و پیاده می‌گذرند که یکی از آن‌ها با لباس‌های فاخر بر اسب رشیدی نشسته، چتری بر سر او افراشته بودند و جماعتی سواره و شاطر در عقب و تعدادی پیشاپیش او روان بودند. در دست چند نفر هم

۱ـ کتاب ماه و هنر، سیروس معروفی، بهمن و اسفند ۱۳۷۹، شمارهٔ ۲۹ و ۳۰، صفحهٔ ۶۸

چوب‌هـای بلنـد بـود و بر سـر هـر چوبی سـر حیوانی از قبیل گاو و/یا جمجمـهٔ گوسـفند بـود و این رمـز آن بود کـه امیر از جنگی فاتحانه برگشـته اسـت و سـرهای دشـمنان خـود را آورده اسـت. دنبـال ایـن جماعـت انبـوه، کثیـری از مـردم متفرقـه از کوچـک و بـزرگ بودنـد و هیاهـو بسـیار می‌کردنـد. در هر سـال یـک نفر امیر می‌شـود و تـا سـیزده عیـد، امیـر و حکمفرمـای شـهر اسـت و هـر حکمـی کـه می‌دهـد نافـذ و قابل اجرا اسـت. بـه اعیان و بـزرگان شـهر حوالهٔ نقـد و جنس می‌دهـد کـه همه بایـد قابل اجرا باشـد و تمامـی اعیـان نیز سـر بـاز نمی‌زدنـد، همـه کم‌وبیش می‌داننـد که بیشـتر قصدشـان تفریـح و خنـده و هـم حفظ سـنت بود[1].»

نمایش میر نوروزی در روستای رویین

دکتـر سـید احسـان سـیدی‌زاده نیـز از زادگاه خـود، روییـن نقـل کـرده و میر نوروزی در محلهٔ خـود را چنین شـرح داده اسـت:

«روییـن، از معـدود مناطق فارسی‌زبان با گویش سـره از فارسی کهـن و تاریخـی و فرهنگـی بکـر و کهنسـال و البته دست‌نخورده در خراسـان شـمالی اسـت. در ایـن دیـار سـنت‌های زیـادی دست‌نخورده در یادها باقی مانده‌انـد کـه البته نیازمنـد پژوهش و ثبـت و ضبط هسـتند.

میـر نوروزی به‌عنـوان یکـی از مردمی‌تریـن و مهم‌تریـن جشـن‌ها و مراسـم عمومـی در روییـن تـا حدود سـه دهـه پیش برگزار می‌شـده اسـت. ازجملـه تفاوت‌هـای برگـزاری ایـن رسـم بـا مناطـق دیگـر یکـی اینکـه مـدت آن پنج روز نبـوده و سـیزده روز طول می‌کشـید.

۱- خاطرات دکتر قاسم غنی، دکتر قاسم غنی، نشر علم ۱۳۹۲، (یادگار، سال اول، شمارهٔ ۳، صفحهٔ ۱۳ تا ۱۶)

در رویین به‌خاطر وسعت و جمعیت زیاد به‌طور همزمان دو رسم میر نوروزی برگزار می‌شد. یکی در بالاده و دیگری در پایین‌ده.

مراسم بالاده در باغی که امروزه ادارهٔ مخابرات در آن ساخته شده است، اجرا می‌شد و مراسم پایین‌ده در باغچه‌ای که متعلق به خانواده‌ای که صاحب این قلم است، برگزار می‌گردید.

یکی از ویژگی‌های شاه و اطرافیان او این بود که هرگز نمی‌خندیدند و این در حالی بود که از احکام صادره و/یا سایر اتفاقات حین نمایش، لحظه‌ای صدای خنده و قهقههٔ حضار قطع نمی‌شد.

البته هر روز طی مراسمی خاص شاه جلوس می‌کرد و به‌جز ساعاتی در روز که برای استراحت و ناهار، مجلس تعطیل می‌شد، در بقیهٔ ساعات مراسم در جریان بود. مواردی چون سان‌دیدن شاه از لشکریان و صدور احکام فکاهی و اجرای نمایش‌های طنز و اجرای موسیقی و کشتی‌گرفتن از برنامه‌های روزانه بود.

گاهی اوقات که موضوعی برای صدور حکم نبود، مسابقه‌ای برگزار می‌شد و بازنده تن به دستورات شاه می‌داد و احتمالاً به‌دست جلاد می‌افتاد. گاهی اوقات هم به پیشنهاد مجرم، حکم به پرداخت نقدی یا تنبیهی احمقانه و خنده‌دار تبدیل می‌شد. گاهی هم پیش می‌آمد که مسافر یا رهگذری بخت‌برگشته به دام ارتش همایونی می‌افتاد و به‌اصطلاح شکار می‌شد و ساعتی و شاید چند روزی اسباب تفریح و دست‌انداختن می‌شد. بعضی وقت‌ها هم اطرافیان شاه شخصی را به‌جرم دزدی یا نظیر آن به

حضور شاه می‌آوردند و مراسم اقرار و اعتراف‌گیری و صدور حکم برایش اجرا می‌شد و این در حالی بود که واقعاً جرمی در کار نبود و هدف تنها شادی و خنده بود. البته باید گفته شود که در نهایت هیچ‌کس ناراضی و شاکی باقی نمی‌ماند و تمام افراد به‌خوشی مراسم را ترک می‌کردند. همچنین در طی این مراسم به‌دستور شاه افرادی که با هم قهر بودند یا کدورتی بینشان وجود داشت، فراخوانده می‌شدند و در فضایی آمیخته با شوخی و خنده با هم آشتی می‌کردند و کدورت‌ها برطرف می‌شد.

در پایان روز سیزده نوروز، شاه بالاده و شاه پایین‌ده با تمام تماشاچیان به خارج روستا رفته در محلی به نام «میام» گرد هم می‌آمدند و در یک رقابت کهن شرکت می‌کردند. این بخش از مراسم شبیه‌سازی‌شدهٔ جنگ‌های باستانی بود، درست مانند زمانی که شاه و ارتشش برای کشورگشایی یا دفاع در کارزاری مقابل لشکر متخاصم قرار می‌گرفتند و بعد از رجزخوانی و دعوای کلامی پهلوانان، به جنگ تن‌به‌تن می‌رفتند. در این روز تمام مردم به‌همراه خانواده‌هاشان با غذایی که آماده کرده بودند حضور پیدا می‌کردند و ضمن به‌درکردن سیزده نوروزی، مراسم را تماشا می‌کردند.»[1]

از مثال‌های مذکور می‌توان نتیجه گرفت که در صد سال گذشته:

۱- «میر نوروزی» همان‌طور که از اسمش پیداست، سنتی بود که فقط در نوروز برگزار می‌شد.

۲- در محله‌ها، دهها و شهرستان‌های کوچک اجرا می‌شد.

۱- وبلاگ بجنورد ۱۴۰۰، دکتر سید احسان سیدی‌زاده، بهمن ۱۳۹۱، آیین میر نوروزی در روستای رویین، خراسان شمالی

http://bojnord1400.blogfa.com/post/6011

۳- قصد اصلی آن، تفریح، شادی و خنده بود.

۴- این نمایش، توسط مردم برای مردم بود و فی‌البداهه اجرا می‌شد.

۵- در محله‌های مختلف به‌شیوه‌های مختلف بازی می‌شد.

۶- شاه یا سلطان کشور اصولاً در برپایی این مراسم نقشی نداشت.

امـا نمایـش میـر نـوروزی قدمتـی بسیار طولانی‌تـر از یـک قرن دارد. بـرای ریشـه‌یابی آن بایـد بـه اسـناد گذشته‌های دور هـم دسـت یافت.

قدیمی‌ترین نشانه‌های نمایش میر نوروزی

یکـی از اشـعاری کـه همـهٔ مـا بـا آن آشناییـم، مربـوط می‌شـود بـه غزلـی از حافظ که به قرن هشتم (سال‌های ۷۹۲ - ۷۲۶ هجری قمـری) برمی‌گـردد.

سخن در پرده می‌گویم چو گل از غنچه بیرون آی

که بیش از پنج روزی نیست حکم میر نوروزی[1]

قدیمی‌تـر از غزل حافظ سند دیگـری وجـود دارد کـه مربـوط می‌شـود بـه کتـاب **تاریخ جهانگشای** اثر **عطاملک جوینی** کـه در قـرن هفتم (۶۵۵ هجـری قمـری) بـه میـر نـوروزی اشـاره کـرده اسـت. او در این کتاب آورده کـه انـدکی قبـل از حملـهٔ مغـول به ایـران، خـوارزم از سـلاطین خالـی بـود. مـادر سـلطان محمـد خوارزم‌مشـاه (از تـرس) شـخص ناتوانـی (خمـار) را کـه از خـوب و بـد روزگار هیـچ نمی‌دانسـت بـر تخـت نشـاند تا به‌طـور موقـت جـای خالـی سـلطان را پر کنـد و خوارزم خالـی از شـاه نباشـد. مادر شـاه، از ایـن ناتـوان (سـلطان موقت) «میـر نـوروزی» سـاخت.[2]

آوردن نـام میـر نـوروزی هـم در غـزل حافـظ و هـم در کتـاب «تاریـخ جهانگشـای» جوینی، نشـانه‌ای روشـن اسـت کـه مراسـم میر نوروزی در قرن هفتـم قمـری نیـز در ایـران رواج داشـته و قدمتـی چندصدسـاله داشـته اسـت.

۱- غزلیات حافظ، غزل شمارهٔ ۴۵۴

۲- تاریخ جهانگشای جوینی، عطاملک جوینی، جلد اول، دنیای کتاب، تهران، ۱۳۸۵، ص ۹۷ و ۹۸

تـا ایـن حـد، همـهٔ پژوهشـگران بـا هـم موافق‌اند، امـا تفسیرهـا و نتیجه‌گیـری از ایـن اسـناد متفاوت اسـت. نگارنـده بـا تفسیر برخـی از پژوهشـگران و نتیجه‌گیـری آنـان هم‌عقیـده نیسـت، زیـرا آن‌هـا بـا تفسیر و نتیجه‌گیـری خـود، بسـیاری از مـوارد را کـه بی‌ارتبـاط بـا میـر نوروزی بوده، بـه آن مرتبـط کرده‌انـد. یکـی از آن‌هـا مربـوط می‌شـود بـه اجـرای ایـن نمایش **کمـدی در بـارگاه شـاهان و امیـران**. برخـی از پژوهنـدگان بـر ایـن عقیده‌اند کـه مراسـم میـر نـوروزی در بـارگاه شـاهان نیـز برگـزار می‌شـده و بـرای اثبـات نظـرات خـود چند سـند هـم آورده‌انـد. اینـک نگارنده به بررسـی اسـناد آن‌ها می‌پـردازد تـا مشـخص شـود آیـا واقعـاً این‌چنیـن بـوده اسـت یـا نه.

آیا مراسم میر نوروزی در بارگاه شاهان و امیران هم اجرا می‌شد؟

برخـی از پژوهشـگران بـا اسـتناد بـه سـند جوینـی در خوارزم، نتیجـه گرفته‌اند کـه مراسـم میـر نـوروزی، عـلاوه بـر محله‌هـا و دهـها و شـهرهای کوچک، در بـارگاه سـلطان و در کل کشـور نیـز برگـزار می‌شـده، یکـی از ایـن اسـناد کـه صاحبان ایـن نظریـه آورده‌اند، مربـوط می‌شـود بـه دوران خوارزم‌شـاه کـه در کتـاب تاریـخ جهانگشـای جوینـی آمـده اسـت. بـه عینِ جمـلات جوینـی کـه در زیـر آورده شـده توجـه کنید:

«... و در آن وقـت (یعنـی اندکـی قبـل از حملـهٔ مغـول) خوارزم از سـلاطین خالـی بـود. از اعیـان لشـکر «خمـار» نـام ترکی از اقربـای ترکان خاتـون (مادر سـلطان محمد خوارزم‌شـاه) آنجا بوده اسـت... چـون در آن سـواد اعظـم و مجمـع بنی‌آدم هیچ سـروری معیـن نبـود کـه در نـزول حادثات امـور و کفایت مصالـح و مهمات جمهـور بـا او مراقبت نماینـد و به‌واسـطهٔ او با سـتیز روزگار ممانعت کننـد بـه حکـم نسـبت قرابت «خمـار» را با اتّفـاق به اسـم سـلطنت

موسـوم کردند و «پادشـاه نوروزی» ازو برسـاختند و ایشـان غـافل از آنچـه در جهـان چـه فتنه و آشـوب اسـت و... »[۱]

نگارنـده بر این اعتقاد است که جوینی در بازگوکـردن حکایت از «اصطلاح» میـر نـوروزی کـه رواج داشته بهمعنی سـلطان موقت، اسـتفاده کرده است. میـر نـوروزی تعبیری کنایی بـرای پادشـاهی کوتاهمـدت و جهانناپایدار بوده اسـت، همانطور کـه در شعـر حافظ نمایان و روشـن اسـت.

در این مـورد باید دقت کافی روی واژههای جوینی داشت که نوشته از او «پادشـاه نوروزی» ساخت. در اتفـاق خـوارزم، مادر شـاه بهخاطـر مراسـم نـوروز نبـود کـه ناتوانی را جای شـاه نشـاند.

اتفاقهـای این چنینی در طـول تاریـخ در بارگاه پادشاهان بارهـا پیش آمـده، کـه در آنها از «اصطلاح» میر نوروزی یا نظایر آن اسـتفاده شـده بود. بـرای روشنشـدن موضـوع بـه یکـی دیگـر از اتفاقهـای تاریخـی کـه بعضـی افراد به آن استناد کرده و در دورهٔ شاهعباس بهوقوع پیوسته، اشاره میکنـم. برخـی آن را عیـن مراسـم میر نـوروزی معرفـی کردهانـد. بهطـور مثـال دکتـر حسـن ذوالفقـاری مینویسـد:

«از جملـه شـواهد دیگری کـه بـرای میـر نوروزی در تاریخ گذشته میتـوان آورد، داسـتان یوسـف سـرکشدوز مربـوط بـه عصـر شـاهعباس اسـت.»[۲]

داستان یوسف سرکش چیست؟

«در زمـان شـاهعباس سـتارهٔ دنبالهداری پیدا شـد. منجمـان معتقد بودند کـه این سـتاره نشـانهٔ تغییر یا مرگ سـلطانی اسـت. شاهعباس بهحکـم ملاجـلال منجمباشـی یـزدی خـود را از سـلطنت خلـع

کـرد و درویشـی بـه نام یوسـف سرکش محکـوم به مـرگ را به‌جای خـود بر تخت نشـاند تـا بلا بر خـود«(ش» نازل نشود. شاه‌عباس سـه روز از پنج‌شنبه هفتـم تا بامـداد یکشـنبه دهم ذیقعدۀ ۱۰۰۱ قمـری از پادشـاهی دسـت کشـید و در بـارگاه، همۀ افـراد ازجمله خود شـاه، خدمـۀ سـلطان درویـش (شـاه موقت) شـدند. در طول ایـن مـدت کسـی بـه ملاجـلال گفت سـبب ایـن سـلطنت موقت تـو بـودی، اگـر درویـش دسـتور کشـتن تـو را بدهد، چـه خواهی کـرد؟ ملاجـلال بـه فکـر فرو رفت، کاری کـرد که بعد از سـه روز درویـش را بی‌هیـچ دلیلـی بـه دار آویختند.»[۱]

ایـن ماجـرا را همچنیـن فتحعلی آخونـدزاده به‌عنوان «(ستارۀ فریب‌خورده)» یـا «حکایـت یوسف‌شـاه سـراج» بـه آذری نوشـته و بـه سـال ۱۲۲۶ چاپ و میـرزا جعفر قراچه‌داغـی بـه سـال ۱۲۵۳ به فارسـی ترجمـه کرد.

در ایـن دو مثـال به‌خوبـی مشـاهده می‌شـود که هـدف، برگزاری جشـن و سـرور، خنده و شـادی نبـوده، همچنین ایـن ماجراها فقط یک‌بار اتفـاق افتاده کـه نمی‌تـوان نام رسـم و رسـوم بـر آن گذاشـت، مهم‌تر آنکـه ایـن اتفاق‌ها در نـوروز نبـوده کـه نتیجه گرفته شـود، این‌هـا نمونه‌هایـی از مراسـم میر نوروزی در بـارگاه شـاه ایران بوده اسـت! پـس نتیجه می‌گیریـم که «(میر نـوروزی)» تنها تعبیـری کنایـی بـوده برای پادشـاهی کوتاه‌مـدت و جهان‌ناپایدار.

در واقـع هیـچ سـند تاریخی‌ای وجـود نـدارد کـه ثابـت کند در طـول تاریخ ایـران مراسـم میـر نوروزی در بـارگاه شـاهان وجـود داشـته، در ایـن مـورد مثال‌هایـی کـه برخـی از پژوهشـگران بـه آن اشـاره کرده‌انـد، نوعـی خطـای تفسـیری اسـت کـه از واقعیـت مراسـم میر نوروزی بـه‌دور اسـت.

۱- تاریخ شاه‌عباس اول، جلد ۲، نصرالله فلسفی، انتشارات ساحل و دانشگاه تهران، ص ۳۳۹

تفسیرهای نادرست از میر نوروزی

دکتر حسن ذوالفقاری نیز می‌نویسد:

«چنـان کـه از شـواهد بر می‌آیـد، میـر نـوروزی دگرگون‌شـدۀ جشنـی اسـت کـه پیش از اسـلام با نـام جشـن «کوسه‌برنشین» رواج داشته است.»

او هیـچ شـواهدی نشان نمی‌دهد کـه خواننـده را با خـود هم‌عقیده کند، تنهـا خواننـده را رجـوع می‌دهـد بـه کتـاب «نمایـش در ایران» نوشتۀ بهـرام بیضایی.

امـا بهـرام بیضایی به‌صورت بسیار واضح، قبـل از مطرح‌کردن مطلب خود نوشته است:

«نویسـندگان عهـد اسلامی ایران گاه از جشـن‌هایی سـخن گفته‌انـد کـه مایـۀ نمایشـی داشته‌اند. مأخذهای ما حتی در مورد ایـن جشـن‌ها هـم در حـد اشـاره است و نـه توصیف دقیـق یا تشـریح. پـس به‌ناچـار بـاز هم راهی نیسـت جـز نقل این اشـاره‌ها و مقایسـۀ آن‌هـا و گاهی نتیجه‌گیـری بـه حـدس.»[1]

«نتیجه‌گیـری بـه حـدس» یا همان فرضیه کـه منظور بهرام بیضایی است، به‌طـور مسلّم بـر اسـاس نشـانه‌ها و علامت‌هایی کـه در اختیارش بـوده بیـان شـده، پـس ممکـن اسـت نظریـه‌ای کـه او بیان کرده، ناقص یـا غلط باشـد. ایـن همان مطلبی اسـت کـه به‌گونه‌های مختلف، بهرام بیضایی در کتـاب «نمایـش در ایران» بـه آن (حـدس و گمان) اشـاره کرده است.

برخـی اوقـات اسـناد تاریخی وجـود دارنـد، امـا بـا برداشت‌هـا و تفسیرهای نادرسـت نظریـۀ نامطلوبی پدید می‌آیـد. در اینجاست که نقش مهـم راسـتی‌آزمایی در فرضیه‌ها مشـخص می‌شـود.

۱- نمایش در ایران، بهرام بیضایی، چاپ کاویان ۱۳۴۴، ص ۳۲

پژوهشگران می‌توانند فرضیه‌ها را راستی‌آزمایی کنند. با دنبال‌کردن نشانه‌ها و اسناد تاریخی، موضوع را حلاجی کرده و برای پاسخ به سؤالاتی که پیرامون آن پدید می‌آید، کاوش کنند.

با روش فوق می‌توان فرضیه‌ای را پذیرفت یا آن را کامل‌تر کرد یا به‌طور کل کنار گذاشت. این عمل نه تنها توهین به شخصیت نظریه‌پرداز نیست، بلکه نشان‌دهندهٔ رشد فرهنگی ملتی است که باید به آن افتخار کرد. متأسفانه در ارتباط با میر نوروزی (و بسیاری موارد دیگر) این کار انجام نشده است. پوینده‌گان میر نوروزی به همان فرضیهٔ شخص اول بسنده کرده و بارها و بارها از آن به‌عنوان سند معتبر نام برده و در آموزش و تدریس، آن را تکرار می‌کنند، بی‌آنکه نقدی به تفسیر یا نتیجه‌گیری آن فرضیه داشته یا حتی سؤالی مطرح کرده باشند.

نگارنده خود را موظف می‌داند به نظریهٔ بهرام بیضایی نگاهی دوباره بیندازد و فرضیه او را راستی‌آزمایی کند.

آیا آن‌طور که بهرام بیضایی می‌گوید، «عمرسوزان تبدیل به کوسه‌برنشین و سپس تبدیل به نمایش میر نوروزی شد.» فرضیهٔ او در کتاب «نمایش در ایران» چگونه بیان شده است؟

بهرام بیضایی نخست سندی از ابوریحان بیرونی عرضه می‌کند:

«ابوریحان بیرونی (۴۴۲ - ۳۶۲ هجری قمری) در کتاب «التَّفهیم لِأَوائلِ صناعة التَّنجیم» شرح حالی از نمایش کوسه‌برنشین در شیراز را چنین نوشته است:

آذرماه به روزگار خسروان اولِ بهار بوده است و به نخستین روز از دی، از بهر فال مردی بیامد کوسه، برنشسته بر خری و به دست کلاغی گرفته و به بادبزن خویش باد همی زدی و زمستان را وداع می‌کردی،

تـا ز مردمـان بـدان چیـزی یافتـی بـه زمانۀ مـا بـه شیـراز همیـن کرده‌اند.»[1]

بهـرام بیضایـی بـا استنـاد بـه ایـن سنـد تاریخـی، ابتـدا بـه جسـت‌وجوی راز کلاغـی اسـت کـه در دسـت کوسه‌برنشـین بـوده؛ او می‌نویسد:

«مـا هنـوز نمی‌دانیـم کـه چـرا ایـن کوسه کلاغـی بـه دسـت می‌گرفتـه اسـت، ولـی به‌نظـر می‌رسـد کـه کلاغ در ایـن بـازی مظهـر زمستـان باشـد.»[2]

سپس بهرام بیضایی به رسـم دیگری اشـاره می‌کند کـه به‌نظـر او در پیدایـش کوسه‌برنشـین نقشـی برجسـته داشتـه اسـت. رسـمی کـه در هشـتم ماه دی از گِل و خمیـر شـاهی خیالـی می‌سـاختند و سپـس آن را در آتش می‌سـوزانند، کـه بهـرام بیضایـی آن را خالی‌کردن کینۀ مردم نسبت به شـاه می‌دانـد. او در ادامـۀ رسـم سـوزاندن شـاه خیالـی می‌نویسد:

«... به‌هرحـال ایـن بـازی همچنان ادامـه داشـت تـا ابوریحان خبر منـع یـا قطـع آن را در زمـان خـود (قـرن چهـارم و پنجـم هجری) بـه مـا می‌دهد.»[3]

از ابوریحان بیرونی نقل شده:

«بـه روزگـار مـا (ایـن رسـم) به‌سبـب نزدیکی‌اش به شـرک و گمراهـی تـرک شـده... »[4]

بهـرام بیضایـی سپـس در چنـد جملـه پیدایش کوسه‌برنشـین و میـر نوروزی را حـدس می‌زند و می‌نویسـد:

«ولـی ایـن بـازی هیـچ‌گاه تـرک نشـد، بلکه رنـگ مذهبـی به خود گرفـت و به‌صـورت جشـن و بـازی «عمرسـوزان» درآمـد. امـا در

۱- التَّفهیـم لِأَوائلِ صناعـۀ التَّنجیـم، ابوریحـان بیرونـی، به‌کوشـش جـلال همایـی ۱۳۱۶، انتشـارات مجلس، ص ۲۵۶ و ۲۵۷

۲- نمایش در ایران، بهرام بیضایی، چاپ کاویان ۱۳۴۴، ص ۳۴

۳- نمایش در ایران، بهرام بیضایی، چاپ کاویان ۱۳۴۴، ص ۳۴

۴- الآثار الباقیة عن القرون الخالیة، چاپ دکتر ادوارد زاخائو، لایپزیک، ۱۹۲۳ میلادی، ص ۲۲۶

شـکل فعلـی‌اش دیگـر نمی‌توانسـت حامـل ایـن روحیـهٔ اصیل کینـهٔ مـردم باشـد، پـس ایـن روحیـه تقریبـاً در همیـن دوره به بازی دیگـری منتقـل شـد، بـه بـازی برنشین‌کوسـه. تقریبـاً مقـارن همین روزهاسـت کـه کوسه‌برنشـین تبدیـل بـه «پادشـاه نوروزی» می‌شـود و آن شـاهی اسـت کـه گـروه مـردم تمسـخرش می‌کنند.»[1]

ایـن بـود کل اسـناد، تفسـیر، برداشـت و نتیجه‌گیـری بهرام بیضایی از تولد میـر نـوروزی. همان‌طـور کـه می‌بینیـم و همان‌طـور کـه بهرام بیضایـی در مقدمـه و لابه‌لای کتـاب «نمایـش در ایـران» بـه آن اشـاره کـرده، اسـناد او محـدود و نتیجه‌گیری‌هـا بـا حـدس و گمـان (فرضیه) به‌دسـت آمده اسـت. سـؤال نگارنـده از دکتـر حسـن ذوالفقـاری ایـن اسـت، آیـا فرضیـه را می‌تـوان به‌عنـوان یـک سـند معتبـر معرفـی کـرد؟

ایشـان سـندی را بـه خواننـده یـا دانشـجوی خـود عرضـه می‌کنـد کـه نویسـندهٔ آن، بـه درست‌بودنـش شـک دارد. به‌نظـر نگارنـده هیـچ فرضیـه‌ای قبـل از راسـتی‌آزمایی نمی‌توانـد به‌عنـوان سـند معرفی شـود. به‌خصوص که سـخنی از فرضیه‌بـودن آن بـه میـان نیایـد.

بهـرام بیضایـی بـا همـت شـخصی خـود در سـن ۱۹ سـالگی به‌مـدت پنج سـال به گـردآوری ایـن مجموعه پرداخـت و کتـاب «نمایـش در ایـران» را خلق کـرد، کـه در زمـان خویـش، کـاری بـود کارسـتان. اکنـون حـدود ۶۰ سـال از آن ماجـرا گذشـته اسـت. در ایـن مـدت ارتباطـات بسـیار گسـترده‌تر و دسترسـی بـه اسـناد و اطلاعـات آسـان‌تر شـده اسـت. تعجـب نگارنـده در ایـن اسـت کـه چـرا بسـیاری از اسـتادان، محققـان، سـخنرانان، و... امـروزه وقتی به مبحث میـر نـوروزی می‌رسـند، به‌جـای تحقیـق، نقـد، بررسـی و راسـتی‌آزمایی نظریه‌هـای او، هنـوز بـه ایـن فرضیه‌هـا رجـوع و همـان برداشـت‌های مبنی بر

۱- نمایش در ایران، بهرام بیضایی، چاپ کاویان ۱۳۴۴، ص ۳۴ و ۳۵

حدس و گمان را به‌عنوان سند معتبر معرفی می‌کنند.

نگارنده با بررسی اسنادی که بهرام بیضایی از آن‌ها استفاده کرده، به راستی‌آزمایی فرضیهٔ او پرداخته و نتیجهٔ کاملاً متفاوتی از شکل‌گیری میر نوروزی به دست آورده است.

نمایش‌های کوسه‌برنشین یک‌شکل نبوده‌اند

قبـل از هـر مطلـب بایـد پذیرفت کـه نمایش‌هـای کوسه‌برنشـین یک‌شکل اجرا نمی‌شـدند.

ابوریحان بیرونی نوشـته اسـت: «آذرماه به روزگار خسروان اول بهار بوده»، همان‌طـور کـه مشـخص اسـت در دوران ساسانی سال‌های کبیسـه رعایت نمی‌شـد. نـوروز در ایـن دوران ثابـت نبـود و در فصل‌هـای مختلف جـاری بود. بنابرایـن در آن زمـان خـاص کـه ابوریحان بیرونـی نمایش را دیـده، دو نکتهٔ مهم در گـزارش او برجسته می‌شـود؛ یکـی آنکـه آذرماه نـوروز بوده است و دیگری، نمایـش در مکانی مشـخص، در شهر شیراز اتفاق افتاده است.

یکـی از ویژگی‌هـای نمایش‌هـای کوسه‌برنشـین آن بوده که به یک شکل اجـرا نمی‌شـدند، بلکـه مجریـان نمایـش بر حسـب وسایلی کـه در اختیار داشـتند، آرایش‌هـا و رفتارهـای مختلفـی از خـود عرضـه می‌کردنـد. عـلاوه بـر ایـن مسلـم اسـت اگـر زمانی نـوروز در فصـل دیگری قـرار می‌گرفت، رفتارهـا و نـوع اجـرای آن با زمسـتان بسـیار متفاوت بود.

حتی در شیراز و در همـان زمـان ابوریحان بیرونـی و در همان فصـل آذرمـاه، کوسه‌برنشـین به یک شکـل اجرا نمی‌شـد. مثلاً **عمادالدین زکریای محمـود** از نمایش کوسه‌برنشـین در فارس نقل دیگری دارد کـه متفاوت از نمایشـی اسـت کـه ابوریحان بیرونی دیده است. او بیـان کرده:

«در روزگار او شـخصی کـه ریش کوسـه داشـت، موجب مسخره

بـود. اول آذرماه، شـخصی کوسـه با لباسـی پـاره و ژنـده، بادبزن در دسـت، بـر خـری سـوار بـود و در سـرما خـود را بـاد می‌زد و از گرمـا شـکایت می‌کـرد. مـردم هـم بـه او آب و بـرف می‌پاشـیدند و می‌خندیدنـد. کوسـه از دیگـران طلـب عیـدی می‌کـرد. هـر کس بـه او سـکه مـی‌داد، پـاره‌ای پرگل سـرخ روی او می‌ریخـت و آن کـه طفـره می‌رفـت، لبـاس او را بـا مایعی قرمـز، رنگی می‌کـرد و موجـب خنـده می‌شـد.»[1]

مجریـان کوسه‌برنشـین معمـولاً چوپان‌هـای فقیـری بودنـد کـه عیـد را فرصتـی می‌دانسـتند بـرای به‌دسـت‌آوردن روزی همـراه بـا شـادی. آن‌هـا بـا هـر آنچـه در دسـت داشـتند خـود را آرایـش می‌کردنـد، مثلاً به‌جای گردن‌بنـد، بـه گـردن خـود زنگولـه می‌انداختنـد و هـر آنچـه جلب‌توجـه بیشـتر می‌کـرد بـا خـود حمـل می‌کردنـد. مثـلاً کلاغـی کـه ابوریحـان در دسـت کوسـه دیـده، نمـاد هیـچ نیسـت جـز وسیله‌ای بـرای جلب‌توجـه بیشـتر و باشـکوه‌کردنِ آن نمایـشِ خـاص، به‌احتمـال قـوی فقـط همـان یک‌بـار بـه آن شـکل اجـرا شـده بـود. اما بسـیارند کسـانی کـه هنـوز نمایش کوسه‌برنشـین را همان‌گونـه تشـریح و تعریـف می‌کننـد کـه ابوریحان بیرونـی دیـده بـود. در صورتـی کـه امـروزه صدهـا گـزارش از کوسه‌برنشـین در دسـت اسـت کـه کلاغـی در آن‌هـا حضـور نـدارد.

بهـرام بیضایـی بـرای تولـد و شـکل‌گیری رسـم کوسه‌برنشـین، به رسـمی اشـاره می‌کنـد کـه به‌نظـر می‌رسـد ریشـه در مُغ‌کُشـی دارد کـه بـه شـهادت ابوریحـان در آن دوران ممنـوع شـده بـود.

بهـرام بیضایـی در اینجا نتیجـه می‌گیرد:

«بـا ممنوع‌شـدن ایـن رسـم (مغ‌کشـی)، نمایـش متوقـف نشـد،

۱- عجایب‌المخلوقات و غرائب‌الموجودات، عماالدین زکریای محمـود قزوینی، چاپ لکهنـو ۱۹۱۲ میلادی، ص ۱۲۸ و ۱۲۹

بلکه به رنگ دیگری در آمد و شد مراسم **عمرسوزان** و از آن منتقل شد به **بازی کوسه‌برنشین** و مقارن همین روزهاست که کوسه‌برنشین تبدیل به **میر نوروزی** شد.»

در اینجا نگارنده روی **نتیجه‌گیری** بهرام بیضایی مکث کرده و دو سؤال مطرح می‌کند.

۱- آیا عمرسوزان به کوسه‌برنشین تبدیل شد؟

رسمی که ریشه در مغ‌کشی داشت بسیار قبل‌تر از زمان ابوریحان ممنوع شده بود، زیرا بعد از حملهٔ اعراب، ساختن مجسمه در دین اسلام منع شده بود. پیکرتراشی در اسلام مورد نکوهش واقع شده بود و بسیاری از فقها و علمای دینی، مسلمانان را از انجام آن منع می‌کردند. ابوریحان بیرونی به‌روشنی دلیل ممنوع‌بودن آن را توضیح می‌دهد؛ اینکه به «علت شرک و گمراهی» این رسم ممنوع شده بود.

باید توجه داشت:

ساختن **مجسمه** منع شده بود، خواه مجسمهٔ شاه باشد خواه **عمر** یا... بنابراین ساختن پیکری که نماد عمر بوده باشد، به دو دلیل اساسی، در آن زمان خاص، بسیار بعید به‌نظر می‌رسد. یکی به‌دلیل ممنوع‌بودن ساختن مجسمه، که «شرک» بود. دیگری به‌خاطر آنکه مسلمانان ایرانی در آن دوره با اکثریتی مطلق، سنّی‌مذهب بوده‌اند و به عمر احترامی خاص می‌گذاشتند.

از همان سال ۲۳ هجری قمری که عمر به‌دست ابولؤلؤ به‌قتل رسید، شیعه‌های ایران که اقلیتی بسیار محدود و کوچک بودند که حتی به‌شمار هم نمی‌آمدند، همه‌ساله مخفیانه این روز را فقط با شربت و شیرینی در محفل خویش جشن می‌گرفتند، بدون آنکه مراسم عمرکشان داشته باشند و این عمل تا دوران صفویه نیز ادامه داشت.

پیدایش مراسم عمرکُشان

- بـا قدرت‌گرفتـن اسـماعیل صفـوی (۹۳۰ - ۹۰۷ هجـری قمـری) و لشکرکشـی او بـه مناطـق مختلـف ایران، به‌منظور گسـترش تشـیع و مخالفـت بـا سـنّی‌ها، کشـتارهای بی‌رحمانه‌ای انجام شـد کـه نگارنده به‌عنـوان قتل‌عـام دوم مـردم ایران به‌نـام اسـلام از آن یـاد می‌کنـد. او موفـق شـد مـردم ایران را کـه سـنّی‌مذهب بودنـد، بـا زور شمشـیر به پذیـرش تشـیع وا دارد و شـیعهٔ اثنی‌عشـری را دیـن رسـمی کشـور کند.

- «شاه‌اسـماعیل پس از نشسـتن بر تخت پادشـاهی دسـتور داد تـا همهٔ خطبـا، خطبـه‌ای به‌نـام دوازده امـام بخواننـد و عبـارت «أَشـهَدُ أَنّ عَلیاً ولیُّ‌اللـه» را بـه اذان اضافه کننـد و فرمان داد در بازارهـا ابابکـر و عمـر و عثمـان را لعن کنند و هـر کس مخالفت کـرد، سـرش را از تن جـدا کننـد.»[1]

وی در مقابـل مخالفـت اطرافیـان خود، مبنـی بر عواقب رسـمی‌کردن مذهب شـیعهٔ اثنی‌عشـری گفت:

- «مـرا بدین کار واداشـته‌اند، خـدای عالم و حضـرت معصومین همـراه مـن هسـتند و مـن از هیچ‌کـس بـاک نـدارم و یـک کـس را زنـده نمی‌گـذارم، روز جمعـه مـی‌روم و خطبه مقرر مـی‌دارم.»[2]

از آنجایـی کـه مـردم ایران بـا تشـیع و قوانیـن آن بیگانـه و روحانیـون شـیعه انگشت‌شـمار بودنـد، موجـی از روحانیـون شـیعه از عـراق و شـمال لبنان و... بـه ایران آمدند تـا مردم را آمـوزش دهند و مقـررات شـیعه را برنامه‌ریزی کنند. بسـیاری از رسـوم مذهب شـیعه که امـروزه شـاهد آنیم، مثل شکل‌گیری مقـام مرجعیـت و تبدیل‌شـدن روحانیت به یـک نهـاد، عزاداری‌های محرم

۱- رملـو، احسن‌التواریخ، حسـن بیـک، تصحیـح دکتر عبدالحسـین نوایـی، بی‌جـا، انتشـارات بابـک، ۱۳۵۷ هجـری شمسـی، ص ۸۵ و ۸۶

۲- تاریخ صفویه، احمد تاج‌بخش، چاپ اول، انتشارات نوید، ۱۳۷۲ هجری شمسی، ص ۵۹

و... در این دوره شکل گرفت و ادامه پیدا کرد.

نمایش عمرکُشان نیز از همین دوره پدیدار و سپس در میان شیعه‌ها متداول شد.

به‌همین دلیل است که کوچک‌ترین نشانی از مراسم عمرکُشان قبل از دوران صفویه در تاریخ ایران دیده نمی‌شود.

در این مورد، همهٔ پژوهشگران اسلامی یا غیراسلامی، اتفاق‌نظر دارند. دکتر مسلم نجفی (مدرّس معارف اسلامی) دلیل شکل‌گیری عمرکُشان در دوران صفوی را چنین شرح می‌دهد:

«مرحوم علامهٔ مجلسی در قرن یازده و اوایل قرن دوازده می‌زیسته است. در این دوران پادشاهان تندروی شیعه‌مذهب صفوی در اوج قدرت قرار داشتند و علمایی مانند مجلسی که به‌خاطر حفظ مصالح مسلمانان روابط خوبی با دربار داشتند، احتمالاً متأثر از فضای سیاسی - اجتماعی و تعصب‌آمیز حاکم بر جامعه نیز بودند. پس از این معلوم شد که برخی شاهان صفوی به‌ویژه در مورد مسئلهٔ نهم ربیع (تاریخ قتل عمر) نگاه جانب‌دارانه‌ای داشته و به احیاء و توسعهٔ آن پرداخته و از برخی علمای معاصر خویش خواسته تا در این جهت اقداماتی را انجام دهند.»[1]

به‌دنبال همین فضای خفقان‌آور که علیه سنی‌ها ایجاد شده بود،

«شاه‌اسماعیل ۹ ربیع‌الاول سالروز کشته‌شدن خلیفهٔ دوم عمر بن خطاب را جشن ملی عمرکُشان اعلام کرد.»[2]

۱- تاریخ و فرهنگ، سال چهل و دوم، شمارهٔ پیاپی ۸۴ و ۸۵، ص ۶۱

۲- فرهنگ و رسوم ایران، علی‌اکبر مهدی و التون دانیل، انتشارات تایلر و فرانسیس، لندن، ص ۱۸۵
Culture and customs of Iran. Eltōn L Daniel, ‘Alī Akbar Mahdī, p. 185, Published by: Taylor & Francis, Ltd.- London

از نوشتار بالا به این نتیجه مهم می‌رسیم که:

ابوریحان بیرونی بیـن سال‌های ۳۶۲ تـا ۴۴۲ هجری قمری می‌زیسته که گزارشـی از نمایش کوسه‌برنشین را نوشـت. مراسم عمرکُشـان بین سال‌های ۹۰۷ تا ۱۱۴۸ هجری قمری (دوران صفویه) پدیدار شد.

بر ما مشـخص اسـت کـه **نمایـش کوسه‌برنشین** در همـان دورهٔ ابوریحان بیرونـی و بعـد از آن هم رواج داشته، بنابراین، این نمایش نمی‌توانسته از دل مراسـم **عمرکُشـان** که بیش از پنج قرن بعد شکل گرفت، زاده شـده باشـد.

حالا ببینیـم کـه کوسه‌برنشین آن‌چنان کـه بهـرام بیضایی حـدس زده، تبدیـل بـه میـر نوروزی شد؟

۲- آیا کوسه‌برنشین تبدیل به میر نوروزی شد؟

وقتـی صحبـت از «**تبدیـل و دگرگونی**» اسـت، بی‌اختیار به تغییر از شکلی به شـکل دیگر می‌اندیشـیم کـه می‌تواند بـه دو نوع انجام شـود.

ـ نخسـت تبدیـل از شـکلی بـه شـکل دیگـر، بی‌آنکه شـکل اول، ماهیت و خصوصیت‌هـای اصلـی خـود را از دسـت داده باشـد. به‌زبان سـاده، آن را **تغییـرات جزئی** گویند.

ـ دومـی تغییراتـی اسـت کـه شـکل ابتدایی به‌طور کامـل از بیـن رفته و بـه شـکل دوم تبدیل شـده باشـد، به‌طـوری کـه دیگـر اثری از شـکل اول باقـی نباشـد. به‌زبان سـاده آن را **تغییـرات کیفـی** گویند.

کوسه‌برنشـین درون خـود همـواره تغییرات جزئی داشـته به‌طوری کـه در همان شـهر شـیراز دو بازی بـا دو شـیوهٔ مختلف در دوران ابوریحان بیرونی را خواندیم.

ایـن نمایش، بـا تغییرات جزئی هیـچ‌گاه بـه میر نوروزی تبدیل نشـد. اگـر چنیـن بـود، بایـد جـای پـای نمایش کوسه‌برنشین درعنصرهای نمایشـی «موضـوع» و «شـخصیت» نمایش میر نوروزی مشـاهده می‌شـد، در صورتی‌که

هیچ‌گونه شباهتی در آن‌ها دیده نمی‌شود. هر دو نمایش با ساختارهای مشخص خود همواره در طول تاریخ کنار هم حضور داشته‌اند. این دو نمایش با حفظ موضوع و شخصیت‌های نمایشی خود، استقلال خویش را همواره حفظ کرده‌اند، بی‌آنکه تأثیری بر هم گذاشته باشند.

اگر هم با تغییرات کیفی نمایش کوسه‌برنشین تبدیل به میر نوروزی شده بود، دیگر نباید اثری از نمایش کوسه‌برنشین دیده می‌شد. کوسه‌برنشین در شهرها و روستاها با نام‌ها و شیوه‌های اجرایی مختلف همواره حضور داشته و حتی تا چند دهه قبل هم با همین نام فعالیت داشته است. به‌طور مثال:

- «کوسه‌ناقالی» در استان مرکزی مانند خمین، اراک و شازند

- «کوسه‌وهوی» در کردستان

- «کوسه‌گلین» در همدان، قزوین و ارومیه

- «کوسه‌سوار» در لرستان

- و ...

برای روشن‌شدن موضوع شاید بهتر باشد به شخصیت‌ها و نوع اجرای این دو نمایش هم نگاهی بیندازیم.

تنها وجه مشترک نمایش کوسه‌برنشین و میر نوروزی
- هر دو نمایش برای نوروز توسط مردم محلی جهت سرگرمی و تفریح اجرا می‌شدند.

برخی از مشخصات کوسه‌برنشین
- نمایش کوسه‌برنشین بیشتر در مناطق دامداری توسط چوپان‌های فقیر اجرا می‌شد.

- دو شخصیت کوسه و همسرش، بازیگران اصلی کوسه‌برنشین بودند.
- نمایش کوسه‌برنشین در مناطق مختلف با تغییرات جزئی نسبت به زبان و فرهنگ هر محله‌ای، به‌گونه‌های متفاوت و خاص اجرا می‌شد.
- روند نمایش (موضوع داستان) در هر منطقه کاملاً مشخص بود.
- انگیزۀ بازیگر کوسه این بود که از دیگران عیدی یا نوروزی طلب کند.
- در بعضی نقاط، بازیگران کوسه و همسرش با ماسک یا صورتکی که خود ساخته بودند ظاهر می‌شدند.
- نمایش کوسه‌برنشین به‌صورت سیّار در کوچه و محله و خانه‌ها اجرا می‌شد.

برخی از مشخصات نمایش میر نوروزی

- نمایش میر نوروزی در دهکده‌ها و شهرهای کوچک برگزار می‌شد. بازی‌ای برای بزرگسالان بود که هدف اصلی آن خنده و شادی و سرگرمی بوده است.
- در این بازی، بازیگران طلب عیدی یا نوروزی از مردم نمی‌کردند.
- شخصیت‌های اصلی نمایش، شاه، وزیر دست چپ و راست، جلاد و... بودند که از میان مردم به‌انتخاب مردم برگزیده می‌شدند، بی‌آنکه آن‌ها قبلاً در این نقش‌ها ظاهر شده باشند.
- نمایش از میدان دهکده یا شهرکی آغاز می‌شد و در برخی مناطق پنج روز و در مناطقی دیگر سیزده روز ادامه داشت.
- روند اصلی نمایش (موضوع داستان) را هیچ‌کس نمی‌دانست. نمایشی بداهه بود و از همان شروع، همه‌چیز بستگی به اتفاق‌ها داشت. مشاهده می‌کنید در همین مشخصاتی که عنوان شد، با دو نمایش

کامـلاً متفـاوت روبروییـم کـه هـر کـدام موضـوع و شـخصیت‌هـای نمایشـی خـاص خـود را دارنـد. همچنیـن گرداننـدگان نمایـش، بـا انگیزه‌هـای مختلـف حرکـت می‌کننـد کـه هیچ‌گونـه شـباهتی بـا هـم ندارنـد.

در اینجـا توجـه شـما را بـه یکـی از نمایش‌هـای کوسه‌برنشین کـه در شـهر میلاجـرد وجـود داشـته، جلـب می‌کنـم. مـردم محلـی، کوسه‌برنشین را این‌گونـه در شـهر خـود شـرح می‌دهنـد:

کوسه‌برنشین در شهر میلاجرد

«در دوران قدیـم رسـم بـر ایـن بـود کـه روز چلـۀ کوچـک (چهـل روز از فصـل زمسـتان گذشـته) چوپانـان هـر محلـه بـا پوشـیدن لباس‌هـای خـاص بـه خانـۀ اهالـی می‌رفتنـد و بـا اجـرای نمایش‌هـای شـاد از اهالـی درخواسـت کمـک می‌کردنـد تـا بتواننـد پنجـاه روز باقی‌مانده از سـال را سـپری کننـد.

بـرای اجـرای نمایـش چوپان لبـاس چوپانـی را بـر تـن کـرده و صـورت خـود را بـا یـک کلاه‌نمـدی کـه دو سـوراخ به‌جای چشـم و سـوراخی دیگـر به‌شـکل دهـان بـر روی آن بریده‌شـده، می‌پوشـانَد و از بوتۀ خارسـفید (آغ‌بوتا) به‌جای مـوی بـر سـر و ریـش می‌بنـدد و در نقـش «کوسـا» (کوساسـقل، مـردی کـه بـر گونـۀ خـود مـو نـدارد و فقط روی چانـه‌اش کمـی مـو روییـده باشـد)، به‌عنوان شـخصیت محـوری نمایـش ظاهـر می‌شـود.

شـخصیت دیگـر ایـن نمایـش «شاصنم» (شـاه صنـم) اسـت کـه نقـش زن «کوسـا» را ایفـا می‌کنـد. او نیـز بـا پوشـیدن لبـاس زنانـه و بسـتن زیورآلات غیر‌متعـارف ماننـد زنگولـه و غیـره بـه دسـت و پاهای خـود، نمایـش را اجرا می‌کنـد.

همـراه ایـن دو شـخصیت اصلـی، افـراد دیگـری همچـون دایـره‌زن، آوازخـوان، حمـال و غیـره بـرای اجـرای نمایـش کمـک می‌کننـد. بعـد از آماده‌شـدن گـروه بـا سـازوآواز در کوچـه و محلـه‌هـا بـه راه

می‌افتند. «کوسا» و «شاصنم» رقص‌کنان وارد خانهٔ اهالی شده و به اجرای نمایش می‌پردازند.

این گروه در ابتدای ورود به هر خانه، اول به‌طرف آغل یا طویله می‌روند و با زدن ضربه به در طویله این بیت را همراه ساز و دهل می‌خوانند، نه قالدی، نه قالدی، قیرخ گدّی اللّی قالدی (چه مانده، چه مانده، چهل رفت پنجاه مانده) و بدین‌گونه آمدن بهار را نوید داده و به احشام قول می‌دهند تا پنجاه روز دیگر آن‌ها را از آغل‌های تنگ و تاریک به دامن سرسبز دشت و صحرا خواهند برد.

سپس به محل زندگی خانواده می‌روند و در صحن خانه به اجرای رقص و نمایش می‌پردازند. آن‌ها شادی و نشاط را به اهل خانه هدیه می‌دهند، در تمامی این مدت دایره‌زن و آوازخوان با خواندن اشعار طنز «کوسا» را ترغیب به رقص و پایکوبی می‌کنند. تمامی حرکات «کوسا» و «شاصنم» با پانتومیم بدون آنکه کلامی بر زبان جاری کنند، اجرا می‌شود و با حرکات نشاط‌آور در قبال شادی‌ای که می‌دهند مایحتاج خود را طلب می‌کنند.

بخشی از اشعاری که در این مراسم خوانده می‌شود بدین قرار است:

کُسا گلیب هاوادان، برکودو یل قوادان (کوسه به هوای انعام آمده کلاهش را ببینید! از بینوایی باد می‌لرزاندش)

کُسانی، پایون ورین اویز السون آبادان (پس از داشته‌های خود سهمی به کوسه بدهید خانه شما آباد باد)[1]

---

[1]- ویراستار کتاب معتقد است این شعر و ترجمهٔ آن به فارسی به این شکل صحیح‌تر است:

کوسا گلیب هاوادان، بُرکونو یِنل قُوادان (کوسه از آسمان افتاده، کلاهش را باد دارد می‌برد)

کوسانین پارین ورین، اِویز اُلسون آبادان (سهم کوسه را بیاورید، خانه‌تان آباد باد)

هرچند چون این بخش از سایت پایگاه خبری دیار آفتاب مستقیم نقل شده است، به‌همین شکل حفظ کرده و در آن دست نبرده‌ایم. همچنین این شعر در منابع دیگری (http://anadili2.blogfa.com/post/56 و http://cicak.blogfa.com/post/47) به این صورت نیز آمده است:

کوسا گلیر هاوادان، ساقالی یِنل قُوادان (کوسه از آسمان دارد می‌افتد، ریشش را باد دارد می‌برد)

کوسانین پارین گتیر، آی خانیم انوین آوادان (سهم کوسه را بیاور، ای خانم خانه‌ات آباد باد)

این اشعار در چندین بند متفاوت خوانده می‌شود و نمایش «کوسا» ادامه می‌یابد، اما صاحب‌خانه از دادن پول یا هدیهٔ دیگر خودداری می‌کند تا مدت بیشتری از نمایش لذت ببرد. کوسه متوجه می‌شود از سازوآواز کاری ساخته نیست. صاحب‌خانه به این زودی‌ها راضی نمی‌شود، به «شاصنم» می‌فهماند تا بمیرد. به ناگاه صنم نقش زمین می‌شود، در این هنگام «کوسا» رقص خود را با غم و اندوه در هم می‌آمیزد و دور «شاصنم» می‌چرخد، هم‌زمان با حرکات «کوسا» آوازخوان می‌خواند.

شاصنم المه منم اپرم دیشل منم (شاصنم نترس این من هستم می‌بوسمت گازت نمی‌گیرم)

شاصنم قورخ ما منم اپرم دیشل منم (شاصنم نترس این من هستم می‌بوسمت گازت نمی‌گیرم)[1]

و همچنین ابیات دیگری که بعضاً فی‌البداهه از زبان آوازخوان جاری می‌شود.

در حالی‌که آوازخوان شعر می‌خواند، «کوسا» دوروبر صنم می‌چرخد. در نهایت قدوقوارهٔ صنم را وجب می‌کند و به صاحب‌خانه می‌فهماند حالا که چیزی به ما ندادی و صنم من دق‌مرگ شد، لااقل خرج کفن و دفنش را بده، می‌بینی که هیچ در بساط ندارم.

این مرحله اوج نمایش است. صاحب‌خانه که حسابی لذت برده است، «کوسا» و همراهانش را با پرداخت پول، گندم و مایحتاج دیگر خوشنود می‌سازد. حمال گندم و آذوقه‌هایی را که از صاحب‌خانه

۱- ویراستار کتاب معتقد است این شعر و ترجمهٔ آن به فارسی، با کمی تفاوت، به این شکل صحیح‌تر است:
شاصنم اُلمه، منم اُپورم دیشلمرم (شاصنم نمیر، این منم می‌بوسمت گازت نمی‌گیرم)
شاصنم قورخما، منم اُپورم دیشلمرم (شاصنم نترس، این منم می‌بوسمت گازت نمی‌گیرم)
هرچند چون این بخش از سایت پایگاه خبری دیار آفتاب مستقیم نقل شده است، به‌همین شکل حفظ کرده و در آن دست نبرده‌ایم.

گرفتـه در توبـره یـا خورجیـن می‌ریـزد، و آوازخـوان به‌نشانـهٔ قدردانـی و سپاس، به‌نسبت موقعیـت مالـی و طبقاتـی، اشعاری در وصف صاحب‌خانـه می‌خوانـد و بـار دیگـر فضـای نمایـش شـاد می‌شـود.

«کوسـا» رقـص شادمانه انجـام داده و در یـک فرصـت مناسب بـا لگـد بـه پهلـوی «شاصنم» می‌کوبـد. صنـم درمی‌یابـد کلـک آن‌ها گرفتـه و بایـد برخیـزد. بـه نـاگاه جسـتی می‌زنـد و همپـای «کوسـا» بـه رقـص و پایکوبـی می‌پـردازد و همـراه بـا گـروه از خانه خارج می‌شـود تا بـه خانـهٔ دیگـری برونـد. ایـن برنامـه تا غـروب ادامـه می‌یابـد.»[1]

در اینجا یـک سـؤال اساسـی مطـرح می‌شـود، ایـن دو نمایـش کـه هم‌زمـان کنـار هـم می‌زیسـته و کوچک‌تریـن نزدیکـی و شـباهتی بـا هـم نداشـتند، چگونـه امکان داشـته تأثیرگرفته از یکدیگـر باشـند؟

تأثیر میر نوروزی بر دیگر نمایش‌ها

عـده‌ای به‌خاطـر اینکه هر دو نمایـش کمدی اسـت و در نوروز اجرا می‌شـده، آن‌ها را تأثیرگرفته از هـم می‌داننـد. در صورتی‌کـه همهٔ نمایش‌هـای نـوروزی کمدی و سـرگرم‌کننده‌اند کـه بسـیاری از آن‌هـا از یکدیگـر تأثیـر نگرفته‌اند. می‌تـوان گفت هـر یـک از ایـن نمایش‌هـا ویژگـی خـاص خـود را دارنـد کـه بایـد از کلی‌گویـی دوری کـرد و به‌صـورت جداگانـه به ریشـه‌یابی تک‌تک آن‌هـا پرداخت.

برخـی دیگـر، کوسه‌برنشـین و میـر نـوروزی را حتـی بـه حاجی‌فیـروز و دیگـر نمایش‌هـای نـوروزی نیـز پیونـد داده‌انـد، مثـلاً بهرام بیضایی نوشته اسـت:

«... نوروزی‌خوان‌هـا، شـامل دلقک‌هـایی چـون «حاجی‌فیـروز» و «آتش‌افـروز» و «غول‌بیابانـی» کـه به‌نظـر می‌رسـد در اصل از

۱- سـایت پایگاه خبـری دیار آفتـاب، برگرفتـه ارسلام کمینچان، مرجـع اخبار شهرستان کمیجان، ۱۳۹۶، کد خبـر ۳۶۲۲۷

ملازمین و مسخره‌کنندگان کوسه و شاه نوروزی بوده‌اند و بعد از آن دسته‌ها جدا شده‌اند و تا به امروز هم در ایام عید با پوشش رنگین و چشم‌گیر و با چهره‌هایی به‌رنگ سیاه یا با صورتک بازی‌های مسخره و خنده‌آور درمی‌آورند... »[1]

در این مورد باید توجه داشت که جشن نوروز قدمتی بسیار دیرینه دارد که همیشه باشکوه برگزار می‌شده، به‌همین دلیل انواع و اقسام بازی‌ها و نمایش‌های تفریحی از جمله ساز و آواز، رقص، کُشتی، بازی با آتش، و... در مناطق مختلف وجود داشته است. همواره آنچه می‌توانسته جشن را باشکوه‌تر کند و باعث شادی و خنده بیشتر شود، خلق و به جشن افزوده شده است. مانند نمایش غول‌بیابانی، آتش‌افروزان، دوری‌گردان‌ها (سینی گردی را بر نوک چوبی می‌چرخاند)، حاجی‌فیروز و... سؤال در این است که آیا این شادی‌آفرین‌ها (مطرب‌ها) به نوشتهٔ بهرام بیضایی «در اصل از ملازمین و مسخره‌کنندگان کوسه و شاه نوروزی بوده‌اند و بعد از آن دسته‌ها جدا شده‌اند»؟

مطرب‌های شهری در طول سال در جشن‌های مختلف هم فعال بودند مثل عروسی‌ها، ختنه‌سوران‌ها و... آن‌ها می‌توانستند در مراسم عید، انواع و اقسام نمایش‌های باشکوه با شخصیت‌های مختلف بیافرینند، مثل آتش‌افروزان و حاجی‌فیروز، ولی افرادی که کوسه‌برنشین یا میر نوروزی را برگزار می‌کردند، اصولاً مطرب نبودند و مشخصات تردستی نداشته‌اند. آن‌ها از مردم عادی بودند که برخلاف مطرب‌ها بعد از نوروز به شغل و زندگی عادی خود بازمی‌گشتند. در این مورد نظر شما را به خاطره‌ای از دکتر سید احسان سیدی‌زاده جلب می‌کنم.

«کودک که بودم، اسامی چند تن از همسایگان و اهالی روستا

۱- نمایش در ایران، بهرام بیضایی، چاپ کاویان ۱۳۴۴، ص ۴۸

توجهـم را جلـب می‌کـرد، نام‌هایـی کـه بیشـتر به‌صـورت لقـب بودنـد تـا اسـم، ولـی به‌گونـه‌ای تبدیـل بـه نـام متـداول فرد شـده بودنـد. هـر چـه کنجکاوی‌ام بیشـتر می‌شـد، مسئله صـورت پیچیده‌تـری پیـدا می‌کـرد.

مثلاً وقتـی از بزرگ‌ترها می‌پرسیدم کـه چرا به فلانـی می‌گوینـد شـاه یـا فرمانـدهٔ لشـکر؟ پاسـخ ایـن بـود: خب فلانـی زمانـی شـاه یـا فرمانـدهٔ لشـکر بـوده اسـت. در مـورد بسـیاری اسـامی دیگر هم حکایـت به‌همیـن منـوال بـود و مـن گمـان می‌کـردم کـه بزرگ‌تـرها واقعیـت را بـه مـا نمی‌گوینـد. به‌ویـژه کـه این نام‌هـا برایشـان تداعی شـادی و خنـده بـود. سـال‌ها بعـد و در جریـان شـناخت و مطالعـه، دریافتـم کـه دروغـی در کار نبـوده و ایـن افـراد به‌نوعـی روزی چنین سـمت‌هایی داشـته‌اند و تمـام ایـن سـمت‌ها در جریـان اجـرای مراسـم میـر نـوروزی بـوده اسـت.»[1]

بازیگرهـای اصلـی کوسه‌برنشـین چوپان‌هـا بودنـد و بازیگرهـای میـر نـوروزی از افـراد محلـی انتخـاب می‌شـدند کـه به‌طـور مثـال بقـال یـا قصـاب و... محـل بودند. این‌هـا اصـولاً گـروه بازیگری مثـل مطرب‌هـای حرفـه‌ای نداشـتند کـه برخـی از آن دسـته جـدا شـده و شـخصیت‌هایی چـون غول‌بیابانـی، آتش‌افروز یـا حاجی‌فیروز را بـازی کننـد. نوازندگانـی هـم کـه بـا آن‌هـا همکاری می‌کردنـد، نوازنـدگان محلـی بودنـد کـه در کارهـای تردسـتی هیچ‌گونـه مهارتـی نداشـته و در حاشـیهٔ نمایـش فقط موسـیقی می‌نواختنـد.

بنابرایـن نمی‌تـوان همـهٔ نمایشـگران نـوروزی را از یـک خانواده دانسـت

۱- وبـلاگ بجنـورد ۱۴۰۰، دکتـر سـید احسـان سـیدی‌زاده، بهمـن ۱۳۹۱، آییـن میـر نـوروزی در روسـتای رویین، خراسـان شمالی

http://bojnord1400.blogfa.com/post/6011

و نتیجـه گرفـت کـه آن‌هـا از دل یکدیگـر پدیـدار شـده‌اند. در ایـن مـورد با قاطعیـت می‌تـوان گفـت کـه نمایش‌هـای کوسه‌برنشـین و میر نـوروزی هیچ‌گونـه ارتباطـی بـا غول‌بیابانـی، دوری‌گـردان، آتش‌افـروز و حاجی‌فیروز (به‌طـور کل مطرب‌هـای شـهری) نداشـته‌اند.

بخش دوم
ریشه‌های نمایش میر نوروزی

نمایش میر نوروزی در کدام دسته از نمایش‌های ایران جای می‌گیرد؟
نمایش «میر نوروزی» همچون نمایش‌های «کوسه‌برنشین» «کچلک‌بازی»، «بقال‌باشی» و «سیاه‌بازی» و... عضوی از نمایش‌های کمدی و سنتی ایران است. نشانه‌های میر نوروزی از سدۀ ششم و هفتم هجری قمری وجود داشته است.

یکی از ویژگی‌های نمایش‌های سنتی در ایران و جهان این است که ما از چگونگی شکل‌گیری ابتدایی و پدیدآورندگان بسیاری از آن‌ها بی‌خبریم. این موضوع مختص نمایش سنتی نیست، بلکه در دیگر عرصه‌ها مثل ادبیات هم صادق است. به‌طور مثال، از زمان دقیق خلق و خالق قصه‌ها و اشعار فولکلور که دهان‌به‌دهان چرخیده و به نسل ما رسیده، بی‌خبریم.

اگر از این دریچه به بررسی نمایش «میر نوروزی» بپردازیم، به واقعیت‌هایی دست می‌یابیم که عینی است و مقبول، زیرا به بررسی آنچه در دست است، روی آورده‌ایم. آنچه خودِ نمایش به ما می‌گوید ملاکِ معرفی می‌شود، آن‌وقت با استناد به خصوصیات نمایش می‌توانیم نظریۀ خود را نسبت به مطالبی که عریان نیستند، تبیین کنیم.

تاریخچۀ میر نوروزی

از اینکـه ایـن بـازی در چـه تاریخـی شـکل گرفتـه و در کـدام منطقـه بـرای اولین‌بـار پدیـدار شـده، چیـزی نمی‌دانیـم. امـا می‌دانیم کـه شـبیه ایـن بازی میـان ملـل دیگـر هـم کـه بسـیار دور از ایران‌اند، وجـود داشـته، به‌طـور مثال می‌توانیـم بـه رمان «گوژپشـت نوتـردام» اثر ویکتور هوگو در کشـور فرانسـه اشـاره کنیـم. این رمان در سـال ۱۸۳۱ میلادی منتشـر شـد.

در ابتـدای رمـان می‌خوانیـم کـه جشـن بزرگی در میدان شهر برپاست. مرد گوژپشـت کـه از خدمـۀ کلیسـاست و در آنجـا زندگـی می‌کنـد، بیـرون می‌آیـد تا از نزدیک شـاهد جشـن و سـرور باشـد. او چهره و اندامی بسـیار غیرعادی دارد. کسـی بـا دیدن او یکـه می‌خورد، بعد بـا صدای بلند شـروع به خندیـدن می‌کند، مـرد گوژپشـت را به دیگران نشـان می‌دهد. سـپس با اشتیاق فریـاد می‌زند بیایید ایـن مـرد را به‌عنوان شـاه موقت انتخاب کنیم. دیگـران که در حال جسـت‌وجوی شـاه موقـت در محـل بودند، همـراه بـا شـادی و خنـده پیشـنهاد او را می‌پذیرند. گوژپشـت را بـر دوش گرفتـه و بـر تخـت شـاهی کـه در آن وسـط آمـادۀ همیـن کار بـود، می‌نشـانند. جالـب آن اسـت کـه شـاه نیـز نظاره‌گر ایـن بازی اسـت و می‌خنـدد. و مـرد گوژپشـت بـرای مدتـی بر تخت شـاهی می‌نشیند که مـردم آن را بـر دوش حمـل می‌کننـد. او از شـرایط پیش‌آمده لـذت هم می‌بـرد. و...

صحنـۀ مذکـور در فرانسـه، شـباهت زیـادی به نمایش میر نـوروزی ایرانی دارد، بی‌آنکـه فرانسـه نـوروز، مراسـم مغ‌کشـی، عمرکُشـان، کوسه‌برنشـین و... در گذشـته داشـته باشـد.

«نظیـر ایـن جشـن در شـهر باسـتانی بابـل (تمـدن بین‌النهرین کـه بیـن دو رود دجلـه و فـرات دیـده می‌شـود، در جنـوب غربـی شـهر بغـداد امـروزی قـرار دارد) و در ملـل دیگـر نیـز مرسـوم بود.»[1]

۱- گاهشماری و جشن‌های ایران باستان، هاشم رضی، انتشارات بهجت، چاپ ۱۳۹۲، ص ۲۴۶

«... نشـانی از ایـن رسـم [را] در اثـر میگِل سِـروانتِس سـاآودرا به‌نـام «دن کیشـوت» نیـز ملاحظـه می‌کنیم. قهرمـان داسـتان را کـه علی‌الظاهر سـفیه و ابله اسـت، در شـهری لبـاس شـاهان می‌پوشـانند کـه چنـد روزی حکومـت کنـد و مردمـان تفریـح نماینـد.»[1]

اگـر نمایـش میر نـوروزی از آیین‌هـای کهن باستان ایران سرچشـمه نگرفته، پس چگونه در نوروز اجرا می‌شـود؟ پاسـخ این سؤال را باید در جشـن‌های پیرامـون نوروز جسـت‌وجو کرد.

جشنواره‌های نوروزی

نـوروز همـواره جشـنی بـزرگ بـرای مـردم بـوده اسـت. همـهٔ مناطق بـرای تحویـل سـال رسـومی نسـبتاً مشـترک دارنـد کـه هرسـاله آن را انجـام می‌دهنـد، مثـل انداختـن سـفرهٔ هفت‌سـین، سبزکردن سـبزه، دیدوبازدید و عیدی‌دادن بزرگ‌ترهـا بـه کوچک‌ترهـا و... ایـن رسـم مشـترک کـه از آیین‌ها سرچشـمه گرفتـه، بیـن همهٔ کشـورهایی کـه اکنون نـوروز را جشـن می‌گیرند به‌گونه‌هـای مختلـف بـا تغییـرات جزئـی همچنـان ادامـه دارد.

بخـش مهـم دیگـر نـوروز، جشـنوارهٔ پیرامـون آن اسـت کـه به‌صـورت گروهـی طـی سـیزده روز یـا کمتـر برگـزار می‌شـود. ایـن نـوع جشـن‌ها یـا جشنواره‌هـا نسـبت به فرهنـگ و زبان هر منطقـه به‌گونه‌های مختلـف برگزار می‌شـود. مثـلاً نمایـش سـوارکاری زنان و مردان ترکمن. کُشـتی چوخه کـه میـان کردهـا و ترک‌هـای خراسـان وجـود دارد. بزکشـی کـه میـان افغان‌ها رایـج اسـت. شـاخ‌بازی قوچ‌ها، جنـگ خروس‌جنگی‌هـا در میـان دامداران و... همـهٔ ایـن بازی‌هـا و مسـابقه‌ها بـا سازوآواز، رقص‌هـای گروهـی همراه اسـت کـه فضایی شـاد و تماشـایی پدید می‌آورد.

۱- گاهشماری و جشن‌های ایران باستان، هاشم رضی، انتشارات بهجت، چاپ ۱۳۹۲، ص ۲۴۸

واضـح اسـت کـه ایـن نـوع جشـن‌ها جزئـی از رسـوم آیینـی و باسـتانی نـوروز نبـوده، بلکـه به‌خاطـر جشـن بـزرگ نـوروز، نسـبت بـه فرهنـگ هـر منطقـه جشنواره‌های نـوروزی به‌وجـود می‌آمـده تـا در فعالیتـی جمعـی همه کنـار یکدیگـر شـاد و خنـدان باشـند. مثل سـوارکاری زنـان و مـردان ترکمن کـه مخصـوص همـان منطقـه بـوده اسـت، نـه جـای دیگر.

میـر نـوروزی در بسـیاری از کشـورهای کنونـی کـه نـوروز را جشـن می‌گیرنـد، دیـده نشـده اسـت. کشـورهایی چـون افغانسـتان، آذربایجـان، ازبکسـتان، تاجیکسـتان، قرقیزسـتان، قزاقسـتان، ترکمنسـتان، و... میر نوروزی نداشـته‌اند و ندارنـد. بنابرایـن نمایـش نمی‌توانـد جزئـی از مراسـم آیینـی نـوروز باسـتانی باشـد، بلکه می‌توانـد جزئی از جشـنوارهٔ نوروزی در بعضـی از مناطق ایـران بـوده باشـد، زیـرا میـر نـوروزی در سراسـر ایـران هـم برگـزار نمی‌شـد.

نشانه‌هایـی کـه در میـر نـوروزی وجـود دارد، خـود حکایتگـر **یـک بازی گروهـی و اجتماعـی** اسـت کـه خودبه‌خـود تبدیـل بـه نمایـش می‌شـود. مردم منطقـه بـرای تفریـح و سـرگرمی قـراردادی بیـن خـود گذاشته‌اند تـا از میان خـود امیـری انتخـاب و بـرای مدتـی محـدود، اوامـر او را اطاعـت کنند. این بـازی هیجـان خاصـی ایجـاد می‌کنـد، زیـرا هیچ‌کـس نمی‌دانـد چه کسـی امیـر، وزیـر، یـا جـلاد می‌شـود. تفریـح و سـرگرمی و خنـده با شـروع بازی آغـاز می‌شـود، مثلاً وقتـی کـه بقـال محـل، شـاه می‌شـود یـا بنّایی وزیر و چوپانی جـلاد. زمانی‌کـه آن‌هـا می‌خواهنـد تقلیـد شـاه، وزیـر و جـلاد کننـد، خودبه‌خـود فضایـی کمـدی به‌وجـود می‌آیـد کـه مایـهٔ خنده و شـادی و سـرگرمی عمـوم می‌شـود.

بـازی میـر نـوروزی بـه جمعیتـی بـزرگ احتیـاج دارد؛ بازی عظیمـی اسـت کـه بسـیاری در آن نقـش دارنـد. حتی تماشـاگر هم ممکن اسـت به دسـتور شـاه بـه وسـط میـدان آورده و مجبور به بازی شـود.

نـوروز وقت مناسبی اسـت بـرای ایـن بـازی بـزرگ، زیـرا همـهٔ مـردم آمادگی شادی و تفریـح دارنـد و بهراحتـی می‌تواننـد در آن شـرکت کننـد. در واقـع همـهٔ اهالـی محـل در نـوروز خـود را به بـازی‌ای قـراردادی دعوت می‌کننـد تـا چنـد روز بـا آن خـوش باشـند. ایـن بـازی در نوروز بهقدری شاد و پرهیجـان بـود کـه بـه بسـیاری از مناطـق دیگـر کشـیده شـد. نمایـش میر نـوروزی در مناطـق کردسـتان و خراسـان رواج بیشـتری داشـته اسـت.

آیا شبیه بازی میر نوروزی در میان مردم مرسوم بوده است؟

بازی میر و وزیر

همان‌طـور کـه گفتـه شـد، بـازی میر نـوروزی احتیاج به جمعیتی بزرگ داشـت کـه نـوروز بهتریـن زمـان بـرای آن بـود، امـا بازی‌هایـی شـبیه بـه آن از ابتدا بین کـودکان و نوجوانـان مرسـوم بـود کـه در اجتماعـات بسـیار کوچک‌تـر برگزار می‌شـد و ربطی بـه نـوروز نداشـت. یکـی از ایـن بازی‌هـا نامـش **میر و وزیر** بـوده اسـت کـه بهنظر می‌آیـد میر نـوروزی ریشـه در همین بـازی دارد. در ایـن بـازی، شـاه بهانتخـاب دیگـران برگزیـده نمی‌شـد، بلکـه بـا انداختن پشـک، قرعـه بهنـام شـخصی می‌افتـاد. وزیـر و جـلاد و دزد هـم بههمیـن ترتیـب شناسـایی می‌شـدند. همه‌چیز بسـتگی به شـانس داشـت، بُردوباختـی بود که برنـده، شـاه بـود و بازنـده، دزد. آن‌وقـت شـاه علیـه دزد فرمـان صـادر می‌کرد تـا بهدسـت جـلاد بـا لُنگِ بههم‌تابیده‌شـده یـا کمربنـدی مجازات شـود. ایـن بـازی روز خاصـی نداشـت و در هـر زمـان و مکان بـا چنـد نفر قابل‌اجـرا بود. در ایـن مـورد شـعری از سـلیم تهرانـی نیز وجـود دارد کـه می‌گوید:

هر دو روزی دیگری را پیش می‌آرد سلیم

می‌کند دوران چو طفلان بازی **میر و وزیر**

از آنجایـی کـه تعـداد افـراد بـازی محـدود بـود، می‌تـوان حـدس زد چرا آن‌ها با انداختن پشک شخص شاه یا وزیر را مشخص می‌کردند. در این بـازی هیچ‌کـس حاضـر نبـود دزد شـود، هـر کس می‌خواسـت شـاه بـاشـد، انداختـن پشـک اختـلاف را به‌سـادگی حـل می‌کرد.

قدمـت ایـن بـازی بـه گذشته‌های بسیار دور برمی‌گردد. هـرودوت[1]، نخستین تاریخ‌نگار جهـان در نقل زندگی کـوروش بـزرگ، حکایتـی در کتیبه‌هـای خـود نقل می‌کنـد کـه بـه بـازی شـاه و وزیـر در پانصـد و پنجاه سـال پیـش از میـلاد مسـیح اشاره می‌کنـد. او می‌نویسـد:

«ایشتوویگو پادشـاه مادهـا (حـدود پانصـد و پنجـاه سـال پیش از میـلاد مسـیح) قـدرت بزرگـی بود کـه حتـی پارسیان بـه آن خراج می‌پرداختنـد. شـبی پادشـاه در خـواب می‌بینـد از شـکم دختـر او درخـت انگـوری بیـرون آمـده و تمـام آسـیا را فـرا گرفتـه، پادشاهِ نگـران، تعبیر خـواب خـود را از مغ‌هـا سـؤال می‌کنـد. آن‌ها می‌گوینـد، مواظـب بـاش، از دختـر تـو پسـری به‌دنیا خواهـد آمد کـه حکومـت تـو را به‌دست خواهـد گرفـت. ایشـتوویگو بـرای پیشـگیری، تصمیـم گرفـت به‌جـای آنکـه دختـر خـود را بـه ازدواج بـزرگان مادهـا دربیـاورد، بـه ازدواج کمبوجیـه از بزرگان پارسـی که قومـی آرام بودنـد، درآورد.

مدتـی بعـد دختـر او بـاردار شـد. بار دیگر پادشاه مـاد خواب می‌بینـد کـه از بـدن دختـر رودی جـاری شـده که سراسر آسـیا را فـرا گرفتـه اسـت. مغ‌هـا خـواب را تعبیـر می‌کننـد کـه صاحـب نوه‌ای خواهـی شـد کـه فرمانروایـی تـو را نابـود خواهـد کـرد. شـاه بی‌درنـگ وزیـر خـود را مأمـور می‌کنـد کـه سـراغ دختـرش

(ماندانا) برود و اگر فرزند پسر بود، او را از بین ببرد.

وزیر به پارس می‌رود. فرزند ماندانا پسر می‌شود. وزیر او را از مادر جدا می‌کند تا به دستور شاه نابود شود. ولی بر سر دوراهی بزرگی قرار می‌گیرد. یکی آنکه نمی‌توانست از دستور شاه سرپیچی کند، زیرا مجازات این کار مرگ بود. دیگری آن بود که پادشاه مادها پیر و فرسوده در انتظار مرگ بود و بعد از او ماندانا جانشین شاه می‌شد که بی‌شک کینۀ وزیر در سینه نگه می‌داشت. وزیر کودک را به یکی از چوپانان دربار بهنام مهرداد می‌سپارد تا کودک را بکشد و خود قاتل نباشد. مهرداد چوپان نخست پسربچه را به خانه می‌برد. همسر او در همان روز پسری مرده به‌دنیا می‌آورد و از مهرداد می‌خواهد جای دو پسربچه را عوض کنند و پسر ماندانا را خود آن‌ها بزرگ کنند. خلاصه مهرداد چوپان قبول می‌کند. به‌این ترتیب، پسر ماندانا با نام کوروش نزد چوپان بزرگ شد و به سن ده‌سالگی می‌رسد.

کوروش از نظر هوش و ذکاوت از کودکان دیگر سرتر بود. روزی که بچه‌ها با هم شاه و وزیر بازی می‌کردند و کوروش شاه شده بود و دیگران وزیر و خدمه، در میان سربازهای شاهِ بازی پسر نجیب‌زاده‌ای هم وجود داشت که خود را برتر از دیگران می‌پنداشت، از این رو دستورات کوروش را رعایت نمی‌کرد، کوروش فرمان داد تا این پسر مجازات شود. بچه‌های دیگر هم چنین کردند که باعث شد پدر آن نجیب‌زاده به‌خاطر بی‌حرمتی یک چوپان‌زاده از کوروش و پدرش به پادشاه شکایت کند. و...»[1]

۱- تاریخ هرودوت، هرودوت، ترجمهٔ وحید مازندرانی، انتشارات علمی و فرهنگی

نکتهٔ مهـم در حکایـت هـرودوت اشاره به شـاه‌بازی اسـت که پانصد سـال پیـش از میلاد مسیح میان بچه‌هـا رایج بوده است.

ایـن بـازی کودکانه بعدهـا میـان جوان‌هـا، میان‌سـال‌ها و سال‌خورده‌ها هـم رایـج شـد. قدیمی‌ترین سند که در ایـن مـورد وجـود دارد، مربـوط به ۶۵۸ هجـری قمـری اسـت کـه منهاج سـراج جوزجانـی در کتـاب «طبقات ناصری» روایتـی از آن نقـل می‌کنـد:

«هـر هفتـه یک روز یعقـوب لیث و برادرانش و جمعـی از بزرگان در موضعـی بیرون از شـهر سیستان چنانچه معهود جوانان باشـد بـه لعـب و تماشـا مشـغول بودنـد و امیر و وزیـر می‌باختنـد. روزی یعقـوب بـه لعـب و بازی امیر شـده بـود و بر هـر کـس از موالی و اقربـا و بـرادران خود، اسـمی از ارکان ملـک نهاد.»[۱]

اگـر چه سـراج جوزانـی کتـاب را در سـال ۶۵۸ هجری قمری نوشته است، ولـی مـا میدانیم حکایتـی کـه او نقـل کـرده، مربوط به سـال‌های ۲۲۵-۲۶۵ هجـری قمـری اسـت، زیـرا یعقـوب لیث بین این سـال‌ها می‌زیسـته اسـت. پـس نتیجه‌گیـری می‌شـود بـازی میر و وزیر از اوایـل سـدهٔ دوم هجـری قمـری و شـاید هـم بسـیار پیـش از آن بین جوانان رواج داشـته است.

این بازی به‌مرور زمان، با تغییرات جزئی، به دو بازی دیگر تقسیم شد.

۱- میر نوروزی

۲- تُرنابازی

در مـورد میـر نـوروزی به‌حـد کافـی صحبـت کردیـم، امـا دربارهٔ ترنابازی بایـد گفت کـه ایـن بـازی همچنـان رواج دارد.

۱- طبقات ناصری، منهاج سراج جوزجانی، انتشارات اساطیر، ص ۱۹۷ و ۱۹۸

تُرنابازی

بازی امیر و وزیر به‌مرور زمان، به‌خصوص در دوران صفوی به بازی‌ای تفریحی در قهوه‌خانه‌ها تبدیل شد که با نام تُرنابازی یا طره‌بازی مشهور شد. البته در شهرهایی با فرهنگ و زبان مختلف نام‌های دیگری داشت، به‌طور مثال، تهرانی‌ها به آن «ترنابازی» می‌گفتند، دامغانی‌ها «پادش وزیرو»، شوشتری‌ها «قاب دِرنَ»، و...

در این بازی، لوطی‌ها و نوچه‌ها و در بعضی مواقع همهٔ مشتری‌های حاضر در قهوه‌خانه شرکت داشتند. هدف اصلی این بازی خنده و شادی نبود. فضای بازی با فرستادن صلوات‌های مکرر و لوطی‌گری‌ها و بخشش‌ها، بیشتر حالت عرفانی به خود می‌گرفت تا جشن و شادی. با ریختن قاب (قاب‌بازی) شاه، وزیر و دزد برگزیده می‌شدند. گاهی شاه فرمان چندین ضربه ترنا برای مجازات دزدی که شخصیتی نامطلوب داشت، صادر می‌کرد. گاهی که دزد از شخصیت‌های خیرخواه محل بود، بخشیده می‌شد. گاهی هم که دزد صدای خوشی داشت، از او طلب آواز می‌کرد که با خواندن غزلی خراباتی فضا سنگین‌تر می‌شد. برخی اوقات هم که قابِ دزد، به حُجره‌داری می‌افتاد، فرمان صادر می‌شد که او برای همهٔ افراد قهوه‌خانه چای یا شیرینی خریداری کند. در ترنابازی همیشه حرمت ریش‌سفیدها و بزرگ‌ترها نگه داشته می‌شد.

اما هنوز این سؤال باقی است که چگونه کشورهای دیگر، بازی‌هایی شبیه به میر نوروزی داشته‌اند؟

چگونه شبیه بازی میر نوروزی در ملت‌های دیگر ظاهر شده است؟

باید توجه داشت که نمایش‌هایی که در ملت‌های دیگر برگزار می‌شد، هیچ‌کدام میر نوروزی نبوده‌اند، بلکه به آن شباهت بسیار داشته‌اند.

به‌طور مثال، در «گوژپشت نوتردام» ویکتور هوگو، فقط انتخاب شاه موقت در جشنی بزرگ بود که شباهت فاحشی به میر نوروزی داشت. وزیر دست چپ و راست و جلاد و... انتخاب نشدند. او برای چند روز در جایگاه شاه ننشست. و...

اینکه چگونه این شباهت‌ها در ملت‌های دیگر وجود داشته، به‌نظر نگارنده پاسخش را باید در کنجکاوی انسان به‌دور از مرزبندی‌های جغرافیایی و فرهنگی جست‌وجو کرد.

انسان به‌طور کل همیشه دوست داشته تا از زندگی پُرراز و باشکوه پادشاهان بداند و با اشخاص داخل قصرها آشنا شود. در این مورد داستان‌ها و افسانه‌های بی‌شماری در سراسر جهان با هر فرهنگ و زبانی آفریده شده است.

تقلید از زندگی پادشاه که دست‌نیافتنی است و حتی نادیدنی، نخست در بازی بچه‌ها که این داستان‌ها و افسانه‌ها را شنیده بودند، ظاهر شد که خنده‌دار و شیرین نیز بود. سپس بزرگ‌ترها نیز با نوشتن نمایشنامه‌ها و اجرای آن‌ها، تقلیدهای جدی‌تری به‌نمایش گذاشتند. به‌طور مثال در این مورد به همهٔ نمایشنامه‌های ویلیام شکسپیر در انگلستان توجه کنید. در یکی از نمایشنامه‌های او به‌نام «شاه لیر»، وقتی شکسپیر می‌خواهد صحنه‌ای کمدی بیافریند، در نبودِ شاه، دلقک دربار را بر تخت شاه می‌نشاند تا به‌جای شاه فرمان دهد.[۱] این صحنه که تقلیدی از شاه با اجرای دلقک است، شبیه پاره‌ای از نمایش میر نوروزی است که بدون تردید باعث خندهٔ تماشاگر می‌شود.

این‌گونه شباهت‌ها به ما کمک می‌کند تا به این نکتهٔ مهم برسیم که تقلید و شبیه‌سازی از شاه مختص ایران نبوده، بلکه در جهان

۱- نمایشنامه شاه لیر، ویلیام شکسپیر، ۱۶۱۶ - ۱۵۶۴، انگلیس

به‌صورت‌هـای گوناگـون وجـود داشتـه کـه سرچشـمهٔ همهٔ آن‌هـا بازی‌های کودکانـه بوده اسـت.

فرایند

نمایـش «میـر نـوروزی» بخشـی از نمایش‌هـای سنتـی ایران اسـت کـه از سـدهٔ ششـم و هفتم هجـری قمـری نشـانه‌هایی از آن در تاریخ وجود داشتـه اسـت. ایـن نمایـش درحالی‌کـه فقط در نـوروز بازی می‌شـد، ولـی ارتباطی بـه آییـن‌هـای باستانی نوروز نداشـت، بلکـه جزئی از جشـن‌های شـادمانی (جشـنوارهٔ نـوروزی) بعضـی از مناطـق بـوده اسـت کـه بـا تغییرات جزئی به‌اجـرا گذاشـته می‌شـد.

شـبیه ایـن بـازی و نمایـش در ملـل دیگر هـم به‌شـکل‌های مختلف دیده شـده کـه حتـی در متـون ادبی آن‌ها نیز بازتاب یافته، مثل فرانسـه، انگلستان، اسـپانیا و... همیـن موضـوع خود اثبات‌کنندهٔ آن اسـت کـه برخلاف بسـیاری از نظریه‌هـای پژوهشـگران ایرانـی، ریشـهٔ ایـن بـازی ارتباطی به سـنت‌های باستانی نوروز ندارد.

بسـیاری از کشـورها که اکنون نـوروز را جشـن می‌گیرنـد و آداب نوروزی را همچنـان رعایـت می‌کننـد، هیـچ‌گاه بـازی میر نـوروزی نداشـته‌اند، مثل کشـورهای افغانسـتان، آذربایجـان، ازبکسـتان، تاجیکسـتان، قرقیزسـتان، قزاقسـتان، ترکمنسـتان، و...

بعضـی از پژوهشـگران، در گذشـته با خطاهای تفسـیری و نتیجه‌گیری از آن، ریشـهٔ میر نوروزی را برآمده از مراسـمی چون مغ‌کشـی، کوسه‌برنشـین، عمرکُشـان و... معرفـی کرده‌انـد. بـا حلاجـی موضـوع، امـروزه بسـیاری از ایـن خطاها روشـن و حل شـده‌اند.

به‌نظر نگارنـده، هـر فرضیـه توسـط اسـتادان می‌توانـد فقـط به‌عنـوان

فرضیـه معرفی شـود نـه به‌عنوان سـندی معتبـر. همچنین از آمـوزش و تکرار نظریه‌هایـی کـه راسـتی‌آزمایـی شـده و نادرسـتی آن‌ها مسـلم شـده، می‌توان به‌طـور کل دوری کـرد.

اینک تعریف نمایش میر نوروزی را می‌شود چنین بیان داشت:
میـر نـوروزی یکـی از نمایش‌هـای سـنتی ایران اسـت کـه به‌صورت کمـدی و فی‌البداهـه اجـرا می‌شـد، هـدف آن، شـادی و سـرگرمی بـوده اسـت. ایـن بـازی فقـط در نـوروز بـا جمعیتـی بـزرگ امکان اجـرا داشـت کـه توسـط مردم بـرای مردم اجـرا و خودبه‌خـود تبدیل بـه نمایش می‌شـد.

نمایشنامهٔ میر نوروزی

مرتضی مشتاقی

یادداشت

ایـن نمایـش نوشـته شـده تـا خواننـدۀ مطلـبِ «ریشـه‌ها و نشـانه‌ها در نمایش میـر نـوروزی» بـا فضـای نمایـش آشـنا شـود. میر نـوروزی در گذشـته بـا هیچ نمایشـنامه یـا داسـتان ازپیش‌نوشـته‌شـده‌ای برگـزار نمی‌شـد. همـۀ حـوادث بـازی به‌طـور اتفاقـی و در همـان لحظـه به‌وجـود می‌آمـد. هیچ‌کـس حتـی بازیگـران هـم نمی‌دانسـتد چـه خواهـد شـد. برخـی اوقـات خودبه‌خـود داسـتان‌های کوتـاه و به‌هم‌پیوسـته به‌وجـود می‌آمـد کـه بسـیار شـیرین و دیدنـی بودند. این نمایشـنامه برخلاف رسـم میر نوروزی متن و نمایشـنامه دارد تـا در دوران فعلـی، بازیگـران حرفـه‌ای بتواننـد آن را اجـرا کننـد. ایـن نمایشـنامه زادۀ ذهـن نگارنده است.

شخصیت‌ها

ابوگدا - امیر شیرعلی

قربان‌علی - وزیر دست راست

میرزاعلی - وزیر دست چپ

قوچ‌علی - جلاد

صفرعلی

واروژان - نوروزعلی

قمرخانم

باجی‌خانم

آتیه

رقصنده‌ها

نوازنده‌ها

میر نوروزی

پیش‌پرده

کارگردان   در زمان‌های گذشته، با فرا رسیدن نوروز، اهالی محله‌ها و
شهرها برای بازی و سرگرمی پادشاهی موقت از میان خود
انتخاب می‌کردند تا برای چند روز احکام او را اطاعت
کرده و شادی کنند. این بازی که میر نوروزی نام داشت
خودبه‌خود با مشارکت اهالی، تبدیل به نمایشی بداهه
می‌شد. نمایش‌های میر نوروزی در زمان‌های گذشته
برخلاف نمایشی که امروز می‌بینید نه متن نمایش و نه
بازیگر حرفه‌ای داشت.
معمولاً با آمدن نوروز، یک یا چند نفر که با موسیقی
آشنایی داشتند، با نواختن ساز و آواز اهالی را حول خود
جمع و دعوت به این بازی می‌کردند.

[موسیقی نواخته می‌شود.]

پردهٔ اول

صحنه میدانچه‌ای است در آبادی، سکویی در وسط است و چندتای دیگـر در اطراف. دو نوازنده مشـغول نواختن آهنگی شـادند. بعـد از اندکـی از هر گوشـه افـرادی رقص‌کنان و دسـت‌زنان وارد می‌شـوند، سپس بـا صـدای بلنـد می‌خوانند.

همه [رقص‌کنان می‌خوانند] نوروز شد، نوروز شد

عید همه امروز شد

گل در چمن پیروز شد

بر من بده نوروزی‌ام

بر من بده نوروزی‌ام

[ابوگـدا کـه مـرد ژنده‌پوشـی اسـت بـا تعجب وارد می‌شـود، اطراف را برانـداز می‌کنـد، سپس کاسهٔ گدایـی خـود را به‌سـمت افـراد می‌بـرد، امـا دیگـران مشـغول شـادی و رقص‌انـد. هیچ‌کـس بـه او توجه نمی‌کند. کم‌کم او نیـز بـا آهنگ به شـوق آمده، مشـغول رقـص می‌شـود. جمعیـت ابوگدا را وسط انداختـه و دسـت‌زنان او را تشـویق می‌کننـد تـا بیشـتر برقصـد. همـه گـرد او حلقـه می‌زننـد. ناگهـان موسـیقی قطـع می‌شـود، همه به جـز ابوگدا در جـای خـود بی‌حرکـت، منجمـد می‌شـوند.]

ابوگدا چه خبره؟ عروسیه؟

همه نوروزه، نوروز!

[موسـیقی نواختـه می‌شـود و دوبـاره همه مشـغول رقص و پایکوبی می‌شـوند. ابوگـدا در فکـر به گوشـه‌ای می‌رود و بـا تعجب دنبال کسـی می‌گردد.]

همه [می‌خوانند] نوروز نو باز آمده

بلبل به آواز آمده

دل‌ها به پرواز آمده

بر من بده نوروزی‌ام

بر من بده نوروزی‌ام

[همچنان همه به رقص و پایکوبی مشغول‌اند. ابوگدا که اکنون روی سکویی ایستاده هنوز دنبال کسی می‌گردد. دوباره موسیقی قطع می‌شود و همه به‌جز ابوگدا بی‌حرکت می‌شوند.]

ابوگدا   عروسیِ کیه؟

همه   نوروزه! نوروز!

[موسیقی نواخته می‌شود، رقص ادامه پیدا می‌کند.]

همه   [می‌خوانند] گل‌ها به گلزار آمده

قمری به گفتار آمده

آهو به کهسار آمده

بر من بده نوروزی‌ام

بر من بده نوروزی‌ام

ابوگدا   [به میان جمعیت می‌رود و با فریاد همه را به سکوت دعوت می‌کند] صبر کنید... صبر کنید به حرفم گوش کنید... [همه بی‌حرکت به او خیره می‌شوند] ... خواستم بپرسم... پس... صاحب... صاحب این جشن کیه؟ کجاست؟

[همه می‌خندند.]

قربان‌علی   [با دست ابوگدا را نشان می‌دهد] خودشه!

[ابوگدا می‌ترسد.]

میرزاعلی   از اون بهتر پیدا نمی‌شه!

[ابوگدا با تعجب به گوشه‌ای فرار می‌کند.]

یک نفر   به افتخار میر نوروزی

[همه هورا کشان و خندان به طرف ابوگدا حمله‌ور می‌شوند. ابوگدا هراسان

به گوشـه‌ای می‌گریـزد. جمعیـت ابوگدا را بـر دوش گرفتـه و شـادی‌کنان دور میـدان می‌چرخاننـد.]

قربان‌علی ابوگدا! ابوگدا، میر ماست، میر ماست.

همه [دست زنان] امیر این ولایت! مبارکه، مبارک!

قربان‌علی ابوگدا، ابوگدا، میر ماست، میر ماست.

همه امیر این ولایت! مبارکه، مبارک!

ابوگدا [گریه می‌کند] ولم کنید، ولم کنید، چه کارم دارید؟

قربان‌علی ابوگدا شانس آوردی امیر شدی. میر نوروزی علی‌آباد شدی.

ابوگدا مسخره نکن! کی دیده گدایی امیر بشه؟

قربان‌علی می‌شه... می‌شه، وقتی همه قبول کنند، می‌شه.

ابوگدا تو این ولایت کسـی به حرف من گوش نمی‌کنه. کس دیگه‌ای رو پیـدا کنیـد.

قربان‌علی امیر که بشی، همه گوش‌به‌فرمانت می‌شن.

ابوگدا ولم کنید. به‌خدا قَسَمتون می‌دم... بذاریدم زمین.

قربان‌علی [با خشم] به فرمان حاکم گوش کنید! [او را زمین می‌گذارند] دیگر چـه فرمانی داریـد، قربان.

یک نفر از [از میان جمعیت] هنوز که حاکم نشده!

قربان‌علی می‌شـه! می‌شـه! [خطـاب بـه دیگـران] تاج و لبـاس حاکـم کجاسـت؟

نفر دیگری [از میان جمعیت جلو می‌آید] اینجاست، شسته‌ورُفته.

قربان‌علی [رو بـه ابوگدا] قربان، حاکـم بزرگـوار، بفرمایید لباسـتان را عـوض کنیـد.

ابوگدا ولم کنید بابا، دست از سرم بردارید.

قربان‌علی قربان شنل بر دوش بیندازید، تاج بر سـر بگذاریـد. آن‌وقت

امـر کنیـد تـا اوامـر شـما یک‌به‌یـک بـا جـان و دل انجـام شـود.

ابوگدا حـالا چـرا این‌جوری حـرف می‌زنـی؟ چـرا مثل ملاعلـی نطق می‌کنـی؟ مـن اصـلاً تـاج و شـنل نمی‌خـوام.

قربان‌علی رسـم سـخن گفتن با بزرگان این‌چنین اسـت. [شـنل را نشان می‌دهـد] بفرماییـد قربان... حاکم کـه بـدون تـاج و شـنل نمی‌شـود. [رو بـه جمعیـت] می‌شـه؟

همه [خنده کنان] نه! نمی‌شه.

ابوگدا من تاج و شنل نمی‌خوام.

قربان‌علی مگر نمی‌خواهید فرمان‌های شما اجرا شوند؟

ابوگدا مگه از شنل فرمان می‌گیرن؟

قربان‌علی آدمی که شنل و تاج نداشته باشد، حاکم نیست قربان.

ابوگدا به خدا پناه می‌برم. نمی‌دونم چی به سر دارید!

قربان‌علی حاکم که شـدید، آنچـه بخواهیـد در چشـم‌به‌هم‌زدنی انجام می‌شـود. هـر آنچـه آرزو داشـته باشید.

ابوگدا هرچی آرزو کنم؟!

قربان‌علی در چشم‌به‌هم‌زدنی!

ابوگدا [با تعجب] در چشم‌به‌هم‌زدنی؟!

قربان‌علی در چشم‌به‌هم‌زدنی!

ابوگدا [می‌خندد] مثل چراغ جادو توی قصه‌ها؟

قربان‌علی مثل چراغ جادو توی قصه‌ها!

ابوگدا راست می‌گی؟

قربان‌علی امتحان کنید، قربان!

ابوگدا دستم انداختی، نه؟

قربان‌علی چه کسی جرئت دارد حاکم را دست بیندازد؟ سـر از تنش

جـدا می‌شـود. امـر کنیـد تـا بـا چشـمان خـود ببینیـد.

ابوگدا یعنی هر چی بگم انجام می‌دی؟

قربان‌علی هـر چـه بخواهیـد. [آرام تاج را بر سـر ابوگدا می‌گذارد و شـنل را بـر دوش او می‌انـدازد.] امتحـان بفرماییـد، قربان.

ابوگدا کو چراغ جادو؟ کجا رو باید بمالم؟

[خندهٔ حضار]

قربان‌علی لازم نیست جایی را بمالید، آرزو کنید و بر زبان آورید.

ابوگدا [مکـث، بـا التمـاس رو بـه جماعـت] خدا بـه شـما عوض بده [کاسـهٔ گدایـی را نشـان می‌دهد] به مـن عاجز کمـک کنید. سکه‌ای کمـک کنیـد.

همه [تعظیم کنان و خندان] حکم، حکمِ حاکم است.

[یکی یکی جلو آمده سکه‌ای در کاسه می‌اندازند.]

ابوگدا [خوشـحال بـه کسـانی کـه سـکه می‌دهنـد] خدا بـه شـما عوض بده. مریض و درمانده نشـی. [آرام به خود می‌گوید] مثـل اینکه خـواب می‌بینـم. اگر خواب هـم باشـه... خواب شـیرینیه. [با صـدای بلند] باشـه... حالا کـه حرفـم رو گوش می‌کنیـد، حاکـم می‌شـم. شـما سـکه بندازیـد توی کاسـه، تـاج کـه سـهله، خـاک هـم بـر سـر می‌کنم.

[هلهلـه‌ای برپا می‌شـود، نوازنـدگان می‌نوازند. با مراسـمی خاص او را بر سـکویی می‌نشـانند. جمعیـت راه بـاز می‌کنند تـا میرزاعلی بالای سـکوی دیگر بـرود. میرزا طومـاری در دسـت دارد، آن را باز می‌کند، سـکوت برقرار می‌شـود.]

میرزاعلی به نام خدای یکتا، بـار دیگر نوروز آمد. همراه شـکوفه و گل و چمـن، دوباره شـادی و خنده بـه خانه‌ها آمد. طبق مراسم هر سـاله، میر نوروزی امسـال بـه حمدالله در علی‌آباد معلوم

شـد. از امـروز کـه اول فروردین ماه است بهمـدت پنج روز اطاعت از اوامر امیر، حاکـم و فرمانروای علیآباد بر همگان واجب اسـت، سـرپیچی از امر او، عواقبی بد و نابخشـودنی در پـی دارد. اکنون بهعنوان میرزای شـهر، دسـتگاه حکومت را بـه شـما معرفـی میکنـم. شـخص اولِ علیآبـاد، ابوگدا، حاکـم و میرنوروزی.

[صدای دستزدن و قهقههٔ حضار]

قربانعلی   آهای میرزاعلی؟

میرزاعلی   جانم، قربانعلی؟

قربانعلی   نگو ابوگدا! خوب نیست اسم حاکم علیآباد ابوگدا باشه!

میرزاعلی   درسته. اما... اسم اصلی اون چیه؟

[همهمهٔ حضار]

میرزاعلی   [رو به ابوگدا] قربان اسم اصلی شما چیست؟

ابوگدا   تا اونجایی که یادم میاد ابوگدا بودم.

قربانعلی   آهای میرزاعلی؟

میرزاعلی   جانم، قربانعلی؟

قربانعلی   نـام برازنـده انتخـاب کـن. نامـی مثل شـیر کـه ابهت داشـته باشـه.

میرزاعلی   شیرعلی چطـوره؟ [خندهٔ حضار، تشـویق بهعلامـت تأیید] شیرعلی میر نوروزیِ علیآباد! [تشویق حضار] امیر شیرعلی! طبق سـنت پدرانمـان از این لحظه تو را میـر نوروزی خطاب میکنیم.

[تشویق و خندهٔ حضار]

میرزاعلی   خوب گوش کن، ابوگدا

همه   شیرعلی! شیرعلی!

میرزاعلی   بله... بله، شیرعلی. خوب گوش کنید قربان، میرِ علی‌آباد. همـه گوش‌به‌فرمـان شمـاییم، تـا زمـانی کـه قاعـده رعایت شود.

گداعلی   یعنی چی؟

میرزاعلی   یعنـی اینکـه امیری قانـون دارد. در طـول حاکمی اگـر قهقهه بزنیـد امیـری بـر بـاد می‌رود و دوبـاره زبانـم لال... ابوگدا می‌شـویـد؟

امیر   [پشت سر خود را نگاه می‌کند] چی؟ با من هستی؟!

میرزا   بله با شما بودم. خنده، امیری را بر باد می‌دهد!

امیر   مـن گدازاده‌ام، خنـدهٔ گدا در گریهٔ اوسـت. خیالـت تخت تا به‌حـال کسـی خنـده روی صورتـم نـدیـده.

میرزاعلی   بسیار عالـی، [رو به جمعیت] حالا چه کسـی وزیر کهن یا وزیر دست راست حاکم می‌شه؟ [میان جمعیت جست‌وجو می‌کند. بسیاری دست‌ها را بـالا می‌برنـد، روی قربان‌علی مکـث می‌کنـد] قربان‌علی وزیر دسـت راسـت!

[تشویق و خنده حضار]

وزیر دست راست   [به امیر تعظیم می‌کنـد] امیر شیرعلی! میر نـوروزی! اجازه دهیـد از ایـن لحظه گوش‌به‌فرمـان شمـا باشـم، در کارهای سـخت مشـورت دهم، هـر آنچـه آرزو کنیـد، برایتـان فراهم کنـم. از شیر مرغ تـا جـان آدمیـزاد، آیا مـرا به وزیـری خود قبـول می‌کنید؟

امیر   [بـا تعجـب] شیر مرغ؟ جـان آدمیـزاد؟ هـر چی بگـم فراهم می‌کنـی؟!

وزیر دست راست هر چه که باشد.

امیر   یعنی تو به حرف من گوش می‌کنی؟

وزیر دست راست هر چه بگویید!

امیر   اگه بگم بشین، می‌شینی؟

وزیر دست راست همین‌طور است، قربان.

امیر   اگه راست می‌گی بشین ببینم [وزیر می‌نشیند] نه... نه، پاشو! [وزیـر بلند می‌شـود. همـه می‌خندند] بچـرخ! [وزیر می‌چرخـد] صـدای مـرغ بلـدی درآری؟

وزیر دست راست قد... قد... قد

[خندهٔ بلند جمعیت]

امیر   حالا صدای سگ.

وزیر دست راست واق واق... واق واق... واق

[خندهٔ بلندتر جمعیت]

امیر   خوشم اومد، قبول شدی، قربان‌علی.

میرزاعلی   [فریاد می‌زند] قربان‌علی به عنوان وزیر دست راست پذیرفته شد.

[تشویق و خندهٔ حضار]

[جمعیـت تشویق می‌کنـد، موسیقی نواختـه می‌شـود، لبـاس مخصوص وزیـر کهـن بـا مراسمی خـاص بـه تـن قربان‌علی پوشانده می‌شـود. یـک چوب‌دسـتی نقـره‌ای بـه‌دستش می‌دهند. او سـمت راسـت امیـر می‌ایسـتد.]

امیر   قربان‌علی جان از تشـنگی هلاک شـدم، تو رو به لب‌تشـنگان قسـم، یـه کاسـه آب برسـون.

وزیر دست راست [بلند می‌شود، فریاد زنان] آب برای امیر شیرعلی.

میرزاعلی   شربت برای امیر شیرعلی

صدا از راه دور   شراب برای امیر شیرعلی

[پیاله‌ای شربت دست‌به‌دست می‌شود و به دست امیر می‌رسد.]

امیر   آخ جون، شـربت آبلیمو!... نه!... خواب نمی‌بینم! داره کم‌کم از ایـن حاکمـی خوشـم میـاد.

میرزاعلی   و اما وزیر دست چپ؟ [مکث، در جمعیت جست‌وجو می‌کند] وزیر دست چـپ حاکم؟ [همـه رو بـه امیر دسـت‌ها را بالا می‌برنـد] برگزینیـد، قربان.

امیر   خودت برگزین.

وزیر دست راست   هیچ‌کس بهتر از خودِ میرزاعلی نیست.

میرزاعلی   ولی من میرزای شهرم.

وزیر دست راست   اینجـا علی‌آبـاده، کـی بـه کیـه؟ می‌تونی چنـد تـا مقـام داشـته باشـی.

[خندهٔ حضار]

میرزاعلی   تا امیر چه حکم کند. [رو به امیر تعظیم می‌کند] امیر شیرعلی! ای امیر امیران، حاکم حاکمان، از این لحظه چشم‌وگوش‌بسته در خدمت شـما هستم تا اگر خواستید کسـی را احضار کنید، احضـار کنـم، هر کـس که باشـد. در امـور حاکمی مشـورت می‌دهـم، اگـر فرمودیـد ماسـت سـیاه اسـت یا خربـزه خیار اسـت، وظیفهٔ من اسـت کـه آن را به خلایـق بقبولانـم، آیا مرا به‌عنـوان وزیر دسـت چپ قبـول داریـد؟

امیر   ماست هم مگه سیاه می‌شه؟!

[خندهٔ حضار]

میرزاعلی   اگر شما بفرمایید، می‌شود.

امیر   می‌خوای همه به من بخندن؟

میرزاعلی بخندند!؟ غلط می‌کنند. خنده را قدغن می‌کنیم.

امیر خب، یواشکی می‌خندن، وقتی دور هم جمع شـدن... توی خونـه یـا قهوه‌خونـه.

میرزاعلی دورِهم‌بودن را قدغن می‌کنیم.

امیر می‌خوای مردم رو شاکی کنی.

میرزاعلی شاکی‌ها را به طویله می‌بندیم.

امیر اون‌وقت ماست سیاه می‌شه؟

میرزاعلی تا زمانی که شما امر بفرمایید، سیاه باقی می‌ماند.

امیر اگر کسی قبول نکرد، چی؟

میرزاعلی کسـی که دسـتور امیر را قبول نداشـته باشـد، دشـمن است. ضـدِ امیـر اسـت... بیچـاره اسـت. سـر و کارش بـا جلاد و سیاه‌چال اسـت.

امیر این‌طور که فهمیدم، به‌هرحال حرف، حرف منه!

میرزاعلی حرف شما آیینی می‌شود که روی آن حرفی نیست.

امیر خوشم اومد.

میرزاعلی امن و امان شما می‌شوم.

امیر خدا به شما عوض بده.

میرزاعلی جان به فدای شما می‌شوم.

امیر عاقبت‌به‌خیر بشـی انشـاالله. خیالم راحت شد. قول می‌دی مواظبـم باشـی کسـی اذیتـم نکنـه؟

میرزاعلی جان می‌دهم، قول که جای خود دارد!

امیر خدا به تو عوض بده، قبول... یک نفر مثل تو خوبه کنارم باشه.

قربان‌علی [فریـاد می‌زنـد] حاکـم شیرعلی، میرزاعلی را به‌عنوان وزیر دسـت چـپ پذیرفتنـد.

[شادی و موسیقی، پوشاندن لباس وزارت با مراسم خاص بر تن میرزاعلی.]

قربان‌علی   [رو به امیر] وقت آن است که جلاد را برگزینید.

امیر   خودت برگزین، من خسته‌ام.

وزیر دست راست   [رو به جمعیت] و اما جلاد [مکث، میان مردم جست‌وجو می‌کند، به فرد چاقی خیره می‌شود] قوچ‌علی چطوره؟

[خندهٔ حضار همراه با تشویق]

جلاد [قوچ‌علی]   [روبه‌روی حاکم می‌ایستد] با یک اشارهٔ امیر، حکم اجرا می‌کنم، لگد می‌زنم، شلاق می‌زنم، سر جدا می‌کنم بی‌آنکه رحم کنم، شرم کنم یا که حیا کنم. امیرشیرعلی مرا به جلادی قبول می‌کنند؟

امیر   برای چی لگد می‌زنی؟ مگه خری؟

وزیر دست راست   لازمش داریم، قربان.

وزیر دست چپ   لگدزدن از ملزومات حکمرانی است. قبولش کنید.

امیر   [از ناچاری] باشه قبول. [به قوچ‌علی] برو اون‌طرف، منو می‌ترسونی!

وزیر دست چپ   امیر، قوچ‌علی را به‌عنوان جلاد پذیرفتند.

[تشویق و شادی، آماده‌کردن جلاد با مراسم خاص...]

امیر   ... لفتش نده [گویی که دل‌پیچه دارد، به خود می‌پیچد] زودتر تمومش کنید.

وزیر دست چپ   اطاعت امیر شیرعلی [با صدای بلند] نوازندگان همان‌هایی باشند که نواختند؟

[نوازندگان می‌نوازند. وزیران به حاکم نگاه می‌کنند.]

امیر   ... باشه، قبول.

وزیر دست چپ   رقاصان همان‌هایی باشند که رقصیدند؟

[وزیران به امیر نگاه می‌کنند.]

امیر   ... قبوله. قبول!

[رقاصان می‌رقصند. مردم هلهله‌کنان دست می‌زنند. امیر و وزیران نظاره می‌کنند. امیر که احتیاج به قضای حاجت پیدا کرده، مرتب جابه‌جا می‌شود و به خود فشار می‌آورد. امیر با عجله در حال خارج‌شدن از صحنه است. با صدای سنج، سکوت برقرار می‌شود. همه بی‌حرکت می‌شوند به‌جز امیر و وزیران.]

وزیر دست چپ   جانم به فدای امیر... کجا؟ ...اتفاقی افتاده؟

امیر   [به خود می‌پیچد، در حال خارج‌شدن] خودم رو خیس کردم. باید به خلا برم.

وزیر دست راست   زبانم لال، امیر نباید اسم خلا را بیاورند.

امیر   یعنی چی!؟ [با تمسخر] امیرها به خلا نمی‌رن؟

وزیر دست راست   خیر قربان، منظورم آن بود که میان جمع نباید اسم خلا را آورد.

امیر   [عصبی] ریخت! نمی‌شه بعد از قضای حاجت این‌ها رو یاد بدی.

وزیر دست چپ   هرگاه قضای حاجت داشتید، اعلام بفرمایید که باید به شکار بروم.

امیر   [فریاد می‌زند] باید به شکار برم؟ برو کنار... شکار داره فرار می‌کنه.

[سنج به صدا در می‌آید.]

وزیر دست راست   [با صدای بلند] امیر شیرعلی قصد شکار دارند.

وزیر دست چپ   [با صدای بلند] امیر شیرعلی قصد شکار دارند.

[همه تعظیم می‌کنند. امیر به‌سرعت خارج می‌شود. با خارج‌شدن

امیـر، سـنج بـه صدا درمی‌آیـد، رقـص و پایکوبی ادامـه پیدا می‌کنـد. مدتی بعـد، امیـر که شـنل را زیر بغـل زده با خیـال راحـت قدم‌زنان وارد می‌شـود. بـا صـدای سـنج همـه سـاکت و بی‌حرکـت می‌شـوند به‌جز وزیـران.]

وزیر دست چپ چه شده؟ شنل را بر دوش گذارید، قربان!

وزیر دست راست شنل همیشه باید بر دوش امیر باشد.

وزیر دست چپ [شـنل را از دسـت امیـر می‌گیـرد، رو بـه شـنل] هیچ‌وقت از دوش امیر جدا نشـو! [با احترام آن را بر دوش امیر می‌گذارد] اجازه ندهید از شـما جدا شـود.

امیر نمی‌شه!

وزیر دست راست [با تعجب] نمی‌شود؟! چرا؟

امیر وقت شـکار که نمی‌شه با شنل نشسـت و شـلیک کرد... نجس می‌شـه.

وزیر دست چپ بعد از شکار، همان‌جا... بر تن کنید.

امیر باشه، دفعهٔ دیگه.

[سـنج نواختـه می‌شـود. همه به حرکـت در می‌آیند و به رقـص و پایکوبی ادامه می‌دهنـد. وزیـران امیر را به جایـگاه راهنمایی می‌کنند، امیر می‌نشـیند.]

وزیر دست چپ [دیگران را به سـکوت دعوت می‌کند] گوش کنید... سـاکت شـوید... [همه ساکت می‌شـوند] وقت آن است که فرمان‌های مهم امیر مکتوب شـود. [رو به امیـر] گوش‌به‌فرمانیم.

امیر [رو به وزیران] چکار کنم؟

وزیر دست چپ هر چه بگویید آیین می‌شـود، لازم الاجرا می‌شود.

امیر [نگران] آخه چی بگم؟

وزیر دست راست هرچه می‌خواهد دل تنگت بگو!

وزیر دست چپ آن‌چه دوست دارید بگویید تا همه آن را اطاعت کـنند.

امیر   هر چی دوست دارم؟

وزیر دست راست   هر چه دوست دارید.

امیر   [در حـال فکر، کاسهٔ گدایی را از زیر شـنل بیـرون می‌آورد] باشـه!...هر روز! قبـل از غـروب! اهالـی... در راه خـدا... بی‌اونکـه بگم خدا عـوض بده... خودشـون سکه‌ای در این پیالـه بیندازند.

[همهمـهٔ حضـار، وزیـر دسـت چپ که به‌سـرعت مشـغول نوشـتن اسـت، ناگهـان به فکـر فرو می‌رود.]

وزیر دست چپ   نام این قانون چیست؟

امیر   بده در راه خدا.

[خندهٔ حضار، وزیر دست چپ همچنان در بلاتکلیفی است.]

وزیر دست راست   [رو به میرزا] بنویس مالیات روزانه!

وزیر دست چپ   مالیات روزانهٔ چی؟

وزیر دست راست   مالیات روزانهٔ امیر.

وزیر دست چپ   [رو به امیر] مالیات روزانهٔ امیر...امیر قبول می‌کنند؟

امیر   سکه بِدن، اسمش رو هر چی گذاشتین، قبول.

وزیر دست چپ   اگر کسی عارض شد و نپرداخت چه کنیم؟

امیر   [رو بـه وزیر دسـت چپ] چـی بگم... خـدا در شـب اول قبر بـه دادش نرسـه.

وزیر دست چپ   فرمان دوم را صادر کنید.

امیر   فرمان دوم چیه؟ بذار برای بعد... باید فکر کنم.

وزیر دست چپ   عارض... با عارضان چه کنیم؟

امیر   عارض دیگه کیه؟

وزیر دست چپ   همان کسی که از شما حرف‌شنوی نداشته باشد.

امیر   دشـمن! خدا از گناهش نگذره... نه... نه... اگه پیدا شـد، پـدرش رو درآریـد.

وزیر دست چپ   اگر پدرش مرده باشد، چه؟

وزیر دست راست   [رو بـه وزیر دسـت چپ] بنویـس معترض به جلاد سپرده می‌شود.

امیر   [رو به میرزا] بنویس دیگه.

وزیر دست چپ   چی بنویسم؟

امیر   هر چی اون گفت [اشاره به وزیر دست راست] چی گفتی؟

وزیر دست راست   معترض به جلاد سپرده می‌شود.

جلاد   [به وسـط می‌آید و فریـاد می‌زند] حالا دلـم می‌خواد یکی مورتَـرِض بشـه!

[خندهٔ جمعیت]

وزیر دست چپ   معترض!

جلاد   منم گفتم مورترض دیگه!

وزیر دست چپ   فهمیدم! نوشتم.

امیر   وزیر دست چپ!

وزیر دست چپ   جانم به فدایت، امری بود؟

امیر   امیرها چه وقت غذا می‌خورن.

وزیر دست چپ   امیر اشتها دارند؟

امیر   من جز اشتها در این دنیا چیزی ندارم.

وزیر دست چپ   [فریاد می‌زند] امیر میل به غذا دارند.

وزیر دست راست   نـان و عسـل، کبـاب و برنـج، شـراب و شـربت، ریحـان و ترخـان، سـیب و انـار، کـه امیر میـل بـه غـذا دارند.

وزیر دست چپ   نان و عسل، کباب و برنج، شراب و شربت، ریحان و ترخان،

سیب و انار، که امیر میل به غذا دارند.

[بشقاب‌ها به‌سرعت دست‌به‌دست شده و جلوی امیر چیده می‌شود. امیر در ناباوری به غذا حمله‌ور می‌شود، دهانش را پر می‌کند، در هر دستی میوه‌ای دارد. همه به امیر نگاه می‌کنند.]

امیر   [به وزیر دست چپ] بگو نگاهم نکنن دیگه. اشتهام کور می‌شه!

وزیر دست چپ   [فریادزنان] فرمان سوم صادر شد. نگاه‌کردن به خوردن امیر از هم‌اکنون قدغن است، جرم است. مجرم مجازات می‌شود.

[جلاد میان جمعیت قدم می‌زند تا مجرمی بیابد. همه از امیر روی بر می‌گردانند، امیر وقتی اطمینان پیدا می‌کند کسی او را نمی‌بیند، جیب‌های خود را به‌سرعت پر از میوه و غذا می‌کند. جمعیت در حالی که پشت به امیر دارد، کسی از میان آن‌ها آواز می‌خواند. همه با بشکن‌زدن او را همراهی می‌کنند.]

یک نفر   [آواز] بر چهرهٔ گل نسیم نوروز خوش است

در صحن چمن روی دل‌افروز خوش است

از دی که گذشت هر چه بگویی خوش نیست

خوش باش و ز دی مگو که امروز خوش است

همه   خوش باش و ز دی مگو که امروز خوش است

امیر   آی که چقدر خوردم.

وزیر دست راست   چه کنم؟ دستور می‌دهید تا غذاها را ببرند؟

امیر   ببرن... اما مواظب باش به کسی ندن! دیگه جا ندارم! وای که این امیری چقدر خوبه. [با صدای بلند] وزیر دست راست!

وزیر دست راست گوش‌به‌فرمانم.

امیر حالا که خوردنم تموم شد، می‌تونن برگردن.

وزیر دست راست خوردن امیر تمام شد، دیدار امیر آزاد شد.

[همه برمی‌گردند.]

صفرعلی [همـراه واروژان بزاز جلـو می‌آید، او را نشـان امیـر می‌دهد] مژده مژده که در امیری شیـرعلی، نامسـلمانی مسـلمان شد.

واروژان بـزاز به‌همـت ایـن غـلام امروز مسـلمان شـد.

امیر خدا به تو در اون دنیا عوض بده.

صفرعلی آمده‌ام تا با این خبر خوش در این دنیا از امیر مژدگانی بستانم.

امیر چی؟ مژدگانی؟!

وزیر دست راست رسـم اسـت که امیر بـر تازه‌مسلمان‌شـده تحفـه و کسـی را که هدایتش کرده کیسـه‌ای سکه ببخشـد.

امیر اهه... گدا به گدا، رحمت به خدا. حالا چرا من باید بدم؟!

وزیر دست چپ تا مسلمانان به این کار خیر تشویق شوند.

امیر حالا چند سکه باید بدم؟

وزیر دست چپ بستگی به کرم امیر دارد.

امیر باشه... منم می‌دم.

[واروژان بزاز و صفرعلی خوشحال می‌شوند.]

وزیر دست راست [اشـاره بـه کاسـۀ سکه‌ها] از همیـن کاسـه پرداخـت کنیـم، قربـان؟

امیر دست به کاسۀ من بزنید، جلاد رو خبر می‌کنم.

وزیر دست چپ هرچه شما امر بفرمایید، همان می‌کنیم.

امیر صبر کنید، چند تا سؤال دارم. [مکث] بزاز بیا جلو.

واروژان بزاز [جلو می‌آید] بله امیر، امر بفرمایید.

امیر راسته که مسلمون شدی؟

واروژان بزاز همین‌طوره، امیر.

امیر اگه راست می‌گی، کِی مسلمون شدی؟ قبل از امیری من یا بعد از اون؟

واروژان بزاز بعد از آن، همان موقع که شکار رفته بودید.

امیر [عصبانی] چی شد که وقت شکار من مسلمون شدی؟

واروژان بزاز صفرعلی گفت اگر مسلمان نشوم، بعد از مرگ جهنمی می‌شوم، در آتش می‌سوزم. اگر مسلمان شوم، بهشتی می‌شوم.

امیر حرف‌های صفرعلی رو باور کردی؟

واروژان بزاز باور کردم. می‌خواهم بهشتی باشم.

امیر آفرین، آفرین، می‌دونی بهشت چه جوریه؟

واروژان بزاز می‌دانم، آب‌وهوایی دارد دلپذیر، باغ‌هایی پر از میوه،... میوه‌های رسیده،... آبشارهای شراب،... پر از حوری بهشتی، و...

امیر ... این‌همه تحفه از طرف خدا، اون‌وقت تو چشم به تحفهٔ امیر داری؟ تحفهٔ خدا باارزش‌تره یا تحفهٔ امیری حقیر؟

واروژان بزاز البته که تحفهٔ خدا، اما تحفهٔ خدا در آن دنیاست، تحفهٔ امیر در این دنیا، هرکدام در جای خود پرارزش است.

امیر به‌حق که جوابی دادی نیکو [کمی فکر می‌کند] باشه... تحفهٔ امیر هم می‌گیری. [واروژان بزاز و صفرعلی خوشحال می‌شوند] حالا تازه‌مسلمون، اسمت چیه؟

واروژان بزاز واروژان بزاز

امیر واروژان بزاز؟! [صدا می‌زند] صفرعلی!

صفرعلی [جلو می‌آید] امیر، در خدمتم.

امیر   این مرد رو از کجا پیدا کردی؟

صفرعلی   او بزازی است ارمنی، هر نوروز برای فروش پارچه به علی‌آباد می‌آید. سال‌های سال او را می‌شناسم. مردی است شریف.

امیر   چطور اون رو مسلمون کردی که هنوز اسمش ارمنیه؟

صفرعلی   هنوز نامی انتخاب نکرده‌ایم.

امیر   پس هنوز مسلمون نشده.

صفرعلی   نام هم بر او می‌نهیم.

امیر   کار رو تموم نکرده، سراغ تحفه اومدی؟

صفرعلی   تمام می‌کنم، فرصت دهید قربان.

امیر   کنار باش تا خودمون کار رو تموم کنیم... [با صدای بلند] کار را که کرد، آن‌کس که تمام کرد. وزیر دست راست!

وزیر دست راست   گوش‌به‌فرمانم، امیر شیرعلی.

امیر   اسم مناسب برای تازه‌مسلمون انتخاب کن.

وزیر دست چپ   شمس‌علی چطور است؟...

وزیر دست راست   ... قنبرعلی ...

صفرعلی   ... نوروزعلی

امیر   نوروزعلی خوبه، به‌مناسبت نوروز، مبارک باشه نوروزعلی! [هلهله بر پا می‌شود. رقص و پایکوبی همگانی. صفرعلی خوشحال می‌شود و می‌رقصد.]

صفرعلی   به گمانم وقت تحفه رسیده...

امیر   تحفه؟... ساکت!

صفرعلی   اسم هم...

وزیر دست راست   ... امیر می‌فرمایند، خاموش!

وزیر دست چپ   خاموش، امیر سخن دارند. خاموش!

[سکوت برقرار می‌شود.]

امیر   نوروزعلی!

واروژان   [نوروزعلی] اینجا هستم قربان

[روبروی امیر می‌ایستد.]

امیر   اسمت مشخص شـد، حالا باید بدونم مسـلمون کامل شدی یـا نـه؟ ببینـم همـهٔ مراسـم رو انجـام دادی؟

واروژان   هر کاری که لازمه انجام دهید.

امیر   ختنه شدی؟

واروژان   ختنه!؟ نه قربانـت گردم، همین چنـد دقیقه پیـش تصمیم به مسـلمانی گرفتـم. وقـت نبـود!

امیر   عیبی نداره، حالا که جشـن نوروزه... همـه جمع‌اند، خوب که مراسـم ختنه‌سـوران رو همین‌جا انجـام بدیم. [صدا می‌زند] قوچ‌علـی!

جلاد [قوچ‌علی]   [جلو می‌آید] آماده‌ام امیر!

امیر   شمشیر تیزه؟

جلاد [قوچ‌علی]   برنده چو تیغ.

امیر   [رو به وزیر دست راست] جشن ختنه‌سوران برپا کنید.

وزیر دست راست   رامشگران بنوازند، امیر فرمان جشن ختنه‌سوران داده‌اند.

وزیر دست چپ   رقاصان برقصند، ختنه‌سوران داریم.

[نوازنـدگان می‌نوازنـد، رقاصـان می‌رقصند. دو نفـر دسـت‌های واروژان را می‌گیرنـد و نفـر سوم پارچـه‌ای سـفید را ماننـد لُنگ دور کمـر او می‌بندد. واروژان را در وسط میدان می‌خوابانند. جـلاد شمشیر خـود را آمـاده می‌کنـد. واروژان تقـلا می‌کنـد تـا رهـا شـود، ولی دو نفر دست و پـای او را

محکـم نگـه داشـته‌اند. جـلاد نزدیـک او می‌شـود.]

واروژان دسـت نگـه داریـد... دسـت نگـه داریـد... از خیرش گذشتم... دسـت نگـه داریـد... پشـیمانم.

امیر صبر کنید. چی می‌خواهی، نوروزعلی؟

واروژان همـان واروژان بزاز خطابم کنید. پشـیمان شـدم. غلط کردم. می‌خواهـم بـه دیـن خـودم برگـردم.

امیر مژدگانی چی؟ نمی‌خوای؟

واروژان هیچ نمی‌خواهم، فقط رهایم کنید.

امیر [رو بـه وزیر دست چپ] چی می‌گـه؟ می‌خواد جشـن ما رو خـراب کنـه. کاری بکـن.

وزیر دست چپ نمی‌تواند!

وزیر دست راست [رو بـه واروژان] می‌خواهـی از اسـلام خـارج شـوی؟ نه!... نمی‌شـود.

واروژان راهی پیدا کنید و نجاتم دهید.

وزیر دست چپ نجات تو در دسـت توسـت. مگر با میل خـودت دین عوض نکردی؟

واروژان کردم ... حالا پشیمانم.

وزیر دست راست مگر دین گیوه است که هر لحظه خواستی عوضش کنی؟

واروژان اشتباه کردم، مرا عفو کنید.

وزیر دست چپ چرا می‌خواهی جشن ما را عزا کنی؟

واروژان عزا؟!

وزیر دست راست می‌دانی خارج‌شدن از دین ما یعنی چه؟

واروژان یعنی چه؟

وزیر دست چپ یعنی مرتد می‌شوی... یعنی که جلاد باید سـر از تنت جدا

کنــد. باید دید امیـر چـه امـر می‌فرمایند.

امیر   قضیه رو تموم کنین... بُریـد... یا از بالا یا از پایین.

جلاد   بالا را ببرم یا پایین را؟

امیر   از خودش بپرس.

واروژان   موضوع چیز دیگری اسـت، امان دهید تا سـخن بگویم. بعد از سـخنم... هرکجـا را خواسـتید بُبریـد. [التمـاس می‌کند] آخریـن آرزوی محکـوم بـه مـرگ را عمـل کنیـد.

وزیر دست راست   [رو بـه امیر] رسـم اسـت کـه آخریـن آرزوی محکوم بـه مـرگ بـرآورده شـود، قربـان.

وزیر دست چپ   مثل مرغی که قبل از سربریدن باید به او آب خوراند.

امیر   خوب از پایین بُبُرید که نمیره.

وزیر دست راست   ایـن بی‌عقـل تصمیم بـه خارج‌شـدن از دیـن دارد. باید سـر از تن جدا شـود.

امیر   باشه، امانش بده، [رو به واروژان] آخرین آرزوت چیـه؟

واروژان   [اطراف را جست‌وجومی‌کند] صفرعلی... صفرعلی... اجازه دهیـد کـه بگویـد چـه بر سـر مـن آورده، هـر چه هسـت زیر سـر اوسـت. آخرین آرزوی من از این اسـت کـه او تمـام ماجرا را تعریـف کند.

امیر   خب تعریف کنه. صفرعلی، جلو بیا تعریف کن.

وزیر دست چپ   [فریاد می‌زند] صفرعلی جلو بیاید.

وزیر دست راست   صفرعلی کدام گوری رفته‌ای، زودتر جلو بیا.

وزیر دست چپ   نیست قربان! به‌گمانم فرار کرده.

واروژان   [گریه می‌کند] می‌دانستم که تنهایم می‌گذارد.

جلاد   [رو به امیر] بزنم سرش را؟

واروژان   اما هنوز آخرین آرزویم برآورده نشده.

وزیر دست چپ   [رو به امیر] صفرعلی گریخته، چه فرمان می‌دهید؟

امیر   این بزاز رو در طویله نگه دارید تا صفرعلی پیدا بشه. برید صفرعلی رو پیدا کنید.

وزیر دست راست   وظیفهٔ همه افراد علی‌آباد است که صفرعلی را پیدا کرده و کت‌بسته تحویل امیر دهند.

[جلاد واروژان را خارج می‌کند. صدای دعوای دو زن از دور شنیده می‌شود.]

وزیر دست چپ   این سر و صداها چیست؟

امیر   دعوای قمرخانم با همسایه‌شونه، هر روز همین بساطه، انگار تموم‌شدنی نیست.

وزیر دست چپ   کسی نیست میان آن‌ها صلح برقرار کند؟

امیر   به حرف کسی گوش نمی‌دن. فقط خدا می‌تونه ساکتشون کنه.

وزیر دست راست   [رو به جمعیت] چرا هنوز اینجا هستید؟ بروید... بروید، صفرعلی را پیدا کنید.

[اهالی خارج می‌شوند. صدای دعوای دو زن همچنان شنیده می‌شود.]

امیر   [اشاره به دعوای دو زن] تو رو به خدا کسی رو پیدا کنید این‌ها رو آشتی بده؟

وزیر دست راست   شما امر بفرمایید، مشکل حل می‌شود.

امیر   وزیر دست راست!

وزیر دست راست   جانم به فدای امیر، در خدمتم.

امیر   تفنگم رو آماده کنید، وقت شکاره.

وزیر دست چپ   آماده است، آن را می‌آورم. [خارج می‌شود و سریع با وسیله‌ای که روی آن پارچه‌ای پوشانده شده وارد می‌شود. آن را جلوی

امیر می‌گذارد] آماده شلیک است. شکار به سلامت.

جلاد   [وارد می‌شود] بزاز در طویله است. مردم خانه‌به‌خانه در جست‌وجوی صفرعلی‌اند. فکر کنم شب نشده او را پیدا کنند.

وزیر دست راست   جلاد!

جلاد   گوش‌به‌فرمانم.

وزیر دست راست   [اشاره به صدای دعوای دو زن] سراغ این صداها برو، هر دوی آن‌ها را اینجا بیاور تا ببینیم دردشان چیست.

جلاد   به‌روی چشم [هنگام خارج‌شدن] به‌زودی هر دوی آن‌ها کت‌بسته در خدمت شما خواهند بود.

امیر   [از جای خویش بر می‌خیزد. پارچه را از روی اسلحه‌ای که وزیر آورده کنار می‌زند. آفتابه‌ای نمایان می‌شود. آن را سبک سنگین می‌کند. رو به وزیر] عالیه، آمادهٔ شلیکه.

[امیر قدم‌زنان خارج می‌شود.]

وزیر دست راست   [بلندگویی قیفی بر می‌دارد، با عجله به‌طرف تماشاچی‌ها می‌رود] شما هم می‌توانید به شکار بروید. به‌هر صورت تا برگشتن امیر، پانزده دقیقه استراحت.

[پرده بسته می‌شود.]

پردهٔ دوم

صحنه   مانند صحنهٔ اول است.

[اهالی اندک‌اندک به‌صورت پراکنده وارد می‌شوند. وزیران با دیدن جمعیت از جای خود برمی‌خیزند.]

یک نفر   [با ریتم می‌خواند] صفرعلی پنهان شده، مستور و مخفی شده.

همه   صفرعلی پنهان شده، مستور و مخفی شده.

یک نفر   [با ریتم می‌خواند] صفرعلی پنهان شده، مستور و مخفی شده.

همه   صفرعلی پنهان شده، مستور و مخفی شده.(۲)

وزیر دست راست   توی کوچه یا که خونه؟

همه   گشتیم، ولی دیده نشد.

وزیر دست چپ   تو بقالی یا قصابی؟

همه   گشتیم، ولی پیدا نشد.

وزیر دست راست   توی حموم یا روی بوم؟

همه   گشتیم، ولی دیده نشد.

وزیر دست چپ پشت کوه‌ها؟ تو انبارها؟

همه گشتیم، ولی پیدا نشد.

وزیر دست راست تو صیفی‌ها و سبزی‌ها؟

همه گشتیم، ولی دیده نشد.

وزیر دست چپ تو چاله‌ها، زیرزمین‌ها؟

همه گشتیم، ولی پیدا نشد.

وزیر دست راست تو رودخونه یا زورخونه؟

همه گشتیم، ولی دیده نشد.

صدایی از بیرون پیداش کردم، پیداش کردم، صفرعلی رو پیدا کردم.

همه صفرعلی پیدا شدش، رسوای دنیا شدش(۲)

[همهمـه روی صحنه. مردی وارد می‌شـود. سـر طنابی را در دسـت دارد. انتهای طنـاب به صفرعلی بسـته شـده که اکنـون خارج از صحنه اسـت.]

مرد چوب و طناب و ارّه، آوردمش دوباره.

همه [خوشحال] چوب و طناب و ارّه، آورده شد دوباره (۲)

مرد صفرعلی ترسـیده بود. از خوف لرزیده بود. خونهٔ خاله‌اش رفته بـودش، تـوی تنـور خفتـه بـودش.

همه [می‌خندند] خونهٔ خاله رفته بوده؟ توی تنور خفته بوده؟

مرد [طنـاب را می‌کشـد، صفرعلـی کت‌بسـته به صحنـه پرتـاب می‌شـود] چـوب و طنـاب و ارّه، آوردمـش دوبـاره.

همه [شادی می‌کنند] چوب و طناب و ارّه، آورده شد دوباره.

[سنج نواخته می‌شود. سکوت برقرار می‌شود.]

وزیر دست راست [فریاد می‌زند] مژده، مژده، امیر شیرعلی، شیر شیران، امیـر امیـران، عادل عادلان، ماه تابان، خورشید درخشان، نـورِ علی‌آبـاد وارد می‌شـوند.

[همه تعظیم می‌کنند.]

وزیر دست چپ مژده که صفرعلی پیدا شد.

امیر مگه گم شده بود؟

وزیر دست چپ پنهان شده بود، قربان.

وزیر دست راست خانهٔ خاله‌اش، توی تنور.

وزیر دست چپ [اشاره به مرد طناب‌به‌دست] این مردِ باهوش او را یافت، به‌حق که لایق مژدگانی است.

امیر مژدگانی!؟

وزیر دست راست باید این مرد باهوش را با مژدگانی روانه کرد.

وزیر دست چپ [رو به مرد] خیالت راحت دست‌خالی روانه نخواهی شد.

امیر مژدگانی؟ دست‌پر؟ [رو به وزیرها] می‌خوام با شما اختلاط کنم.

وزیر دست راست امر بفرمایید، قربان.

امیر [به اطراف نگاه می‌کند] یه گوشه‌ای بریم، نمی‌خوام کسی بشنوه یا ببینه.

وزیر دست چپ [با صدای بلند] فرمان بعدی امیر ابلاغ شد. طبق فرمان امیر، مجلس اختلاط تشکیل می‌شود. شنیدن این مجلس برای اهالی ممنوع ست. [همه گوش‌های خود را می‌گیرند.] دیدن این مجلس برای اهالی جرم است و مجازات در پی خواهد داشت.

[همه پشت به صحنه می‌کنند.]

وزیر دست راست گوش‌به‌فرمانیم، امیر.

امیر ایـن مژدگانی چیه که از زبون شما نمی‌افته؟ یکی مسـلمون می‌شـه، من بایـد بـدم. یکی پیـدا می‌شـه، من باید بدم.

این‌طوری پیش بره که بدبخت‌تر می‌شم. به من بیچاره رحم کنید. کاسه‌ام خالی می‌شه.

وزیر دست راست ما بزرگی شما را می‌خواهیم، امیر. شاعر می‌گوید «هر که بزرگی خواهد، باید آنچه را دارد ایثار کند.»

امیر شاعر غلط کرد با این شعرش که نه وزن داره، نه قافیه. شاعر واقعی گفته، «اندک اندک به هم شود بسیار – دانه دانه است غله در انبار» یعنی اگر می‌خوای بزرگ بشی، باید انبار کنی. به بزرگان علی‌آباد نگاه کن، همه انبار دارند.

وزیر دست چپ هر چه امیر دستور بفرمایند.

امیر یادتون باشه، مژدگانی بی‌مژدگانی!

وزیر دست راست به‌روی چشم.

امیر چشم شما بی‌بلا. کاسهٔ من پرملات. خدا به‌همراه شما.

وزیر دست چپ [با صدای بلند] ختم اختلاط محرمانه. چشم‌ها و گوش‌ها باز.

[مردم برگشته و دست‌ها را از گوش‌ها برمی‌دارند.]

امیر [مرد طناب‌به‌دست را برانداز می‌کند] برای چی این وسطی؟ چرا این‌جوری به من خیره شدی؟ گم شو برو کنار بقیه.

مرد پس مژدگانی...

امیر ... خفه، زودتر گورت رو گم کن برو.

مرد مژدگانی که نصیب نشد. توهین برای چیست، امیر؟

امیر [فکر می‌کند] خواستم دست‌خالی روانه نشی.

[مرد کنار بقیهٔ اهالی می‌رود.]

وزیر دست راست واروژان بزاز را بیاورید.

[دو نفر از جماعت از صحنه خارج می‌شوند.]

وزیردست چپ   [رو به صفرعلی] از دست امیر می‌گریزی!؟

صفرعلی   [رو به امیر التماس می‌کند] مـرا ببخـش، امیر شیرعلی. نادانـی کـردم.

امیر   می‌خواستی سرم کلاه بذاری؟

صفرعلی   شوخی بود. یک شوخی بچه‌گانه.

امیر   شوخی! شـوخی! با من هم شـوخی؟ مژدگانی چی؟ اون هم شـوخی بـود؟

صفرعلی   خریت کردم امیر، مرا ببخشد.

[دو نفر واروژان را وارد می‌کنند.]

واروژان   [رو بـه صفرعلـی] نـگاه کن مـن رو بـه چـه روزی انداختی! بگو که من اصـلاً دین عوض نکـردم. بگو که این‌همه نقشـهٔ تـو بـوده کـه مژدگانـی بگیریـم، بگـو کـه مـن بی‌گناهم.

امیر   راست می‌گه؟

صفرعلی   راست است، ولی این فقط یک شوخی بود.

واروژان   شنیدید که من بی‌گناهم؟

وزیردست راست   نقشـهٔ صفرعلـی بدون تـو کـه عملی نمی‌شـد. هر دوی شـما گناهکارید.

صفرعلی   غلط کردم، نفهمیدم، به بزرگی خودتان مرا ببخشید.

وزیردست چپ   دروغ‌گفتـن به امیر جرم بزرگی اسـت [رو بـه صفرعلی] طبق قانون به صـد ضربه تازیانـه محکومی.

امیر   نه!

وزیردست چپ   دویست ضربه!

امیر   نه!

وزیردست چپ   خب، سیصد ضربه!

امیر   نه! تازیانه نه!

وزیر دست چپ   پس چه فرمان می‌دهید، امیر شیرعلی.

امیر   [به وزیرها] می‌شه با هم اختلاط کنیم؟

وزیر دست راست   [با صدای بلند، خطاب به حضار] اختلاط محرمانه،
چشم‌ها و گوش‌ها بسته!

[همه گوش‌ها را گرفته پشت به امیر و وزیرها می‌کنند.]

امیر   [آرام به وزیرها] تازیانه چیه؟ چه یه ضربه، چه صد ضربه.

وزیر دست راست   تازیانه آدمشان می‌کند، قربان.

وزیر دست چپ   درسی می‌شود که دیگر دروغ نگویند، حقه سوار نکنند،
آدم شوند.

امیر   به من چه که اون‌ها آدم بشن یا نشن! صد سال سیاه می‌خوام
آدم نشن. به من بگو این وسط چی عاید من بدبخت
می‌شه؟

وزیر دست راست   پس امیر بفرمایند ما چه کار کنیم.

امیر   سکه بگیرید و ولشون کنید.

وزیر دست راست   چطور؟

امیر   هرطور که می‌شه. شما وزیرید، اون‌وقت از من می‌پرسید؟
خواستن از من، چطورش با شما.

وزیر دست چپ   به‌روی چشم، اگر ما وزیریم، چاره را پیدا می‌کنیم.

امیر   خدا به شما عوض بده، ببینم چه کار می‌کنید.

وزیر دست راست   [با صدای بلند خطاب به جماعت] اختلاط تمام شد،
چشم‌ها و گوش‌ها باز.

[جماعت برگشته دست از گوش‌ها برمی‌دارند.]

وزیر دست چپ   دروغ گفتن به امیر...

وزیر دست راست   ... اخاذی از امیر...

وزیر دست چپ   ... فرار از عدالت

وزیر دست راست   ... جرمی است بزرگ و نابخشودنی.

وزیر دست چپ   حد این جرم، پانصد ضربه تازیانه برای صفرعلی

امیر   [به وزیر] اِ... اِ... پس... چی شد؟

وزیر دست چپ   نگران نباشید، خوب پیش می‌رویم، قربان.

وزیر دست راست   حد جرم واروژان با ارفاق فقط ختنه می‌باشد.

امیر   ختنه!؟

وزیر دست راست   [آرام به امیر] داریم به مقصد می‌رسیم، صبر داشته باشید.
[با صدای بلند] جلاد!... جلاد... پس این جلاد کجاست؟

وزیر دست چپ   جلاد نیست. به‌گمانم هنوز در مأموریت باشد.

وزیر دست راست   بدون جلاد چه کنیم؟ چاره چیست؟

وزیر دست چپ   هیچ! چاره نیست جز آنکه حکم فردا اجرا شود. مجرم‌ها
بروند و فردا بیایند.

[واروژان و صفرعلی خوشحال می‌شوند.]

وزیر دست راست   اگر مجرم‌ها فردا نیامدند، چه؟

وزیر دست چپ   چارهٔ کار وثیقه است. وثیقه می‌گیریم تا نگریزند.

وزیر دست راست   اگر وثیقه گذاشتند و گریختند، چه؟

وزیر دست چپ   اگر گریختند، وثیقه به‌واسطهٔ جرم به امیر می‌رسد.

وزیر دست راست   مقدار وثیقه؟

وزیر دست چپ   بیست سکه!

وزیر دست راست   [رو به واروژان و صفرعلی] بیست سکه دارید؟

واروژان   [با خوشحالی، شروع به شمارش سکه می‌کند] دارم... دارم،
بیشتر هم دارم.

صفرعلی   [با خوشحالی در حال شمارش] من هم دارم.

وزیر دست راست   [رو به واروژان و صفرعلی] اگر آمدید و حکم اجرا شـد، بیست سکه را پس خواهیـد گرفت، اگـر بههـر دلیلی حـاضر نشـوید، سکه‌ها بهواسطهٔ مجازات، در کاسهٔ امیر ریخته می‌شـود.

وزیر دست چپ   [فریاد می‌کشد] خوب فهمیدید؟

واروژان   فهمیـدم، فهمیـدم این بیسـت سکهٔ من [سکه‌ها را به وزیر می‌دهـد] فـردا اول وقـت بـرای حکـم حاضـر می‌شـوم.
[واروژان آرام و بی‌صدا خندهبرلب از صحنه خارج می‌شود.]

صفرعلی   این هم بیسـت سکهٔ من، [سکه‌ها را تحویل می‌دهد]گفتید چـه سـاعتی بـرای خـوردن شـلاق خدمـت برسـم؟
[صفرعلی بی‌آنکه منتظر جواب شود با سرعت از صحنه خارج می‌شود.]

امیر   [با خوشـحالی بـه وزیرهـا] خدا بـه شـما ولدچموش‌ها عوض بـده.

وزیر دست راست   نوازندگان، بنوازند. رقاصان، برقصند که امیر شاد و سرخوش‌اند.
[نوازندگان می‌نوازند و رقاصان می‌رقصند.]
[دو پیـرزن گوش‌هـای قوچ‌علـی جـلاد را گرفتـه بـا سـروصدا، ناسـزاگویان وارد می‌شـوند. قوچ‌علـی از درد نالـه می‌کنـد. امیـر از تـرس پشـت وزیرهـا پنهـان می‌شـود.]

باجی‌خانم   نشون بده کدام ازخدابی‌خبری گفته خونهٔ من بیای.

قمرخانم   فقط نشون بده ببینم حرف حسابش چیه.

باجی‌خانم   خونه‌خرابش می‌کنم.

قمرخانم   بـه کسـی چـه مربوطه که مـا چـکار می‌کنیم. فضـول رو بردن جهنـم، گفـت...

باجی‌خانم   ... این فضول کجاست؟ زود باش نشونم بده.

وزیر دست راست آرام باشید. جلاد را رها کنید. به فرمان امیر شیرعلی، جلاد به خانهٔ شما آمده بود.

قمرخانم امیر شیرعلی دیگه کدوم خریه؟

وزیر دست چپ [امیر را نشان می‌دهد] زبان خود کنترل کن. توهین به امیر مجازات دارد.

باجی‌خانم واه... واه...از کی تا حالا ابوگدا شده امیر که ما خبر نداریم؟ لابد قمرخانم هم شده ملکه.

قمرخانم از من گذشته، خودت ملکه شو که خیلی بهم می‌آیید.

باجی‌خانم دوباره دهنم رو باز نکن که...

وزیر دست راست ... آرام باشید.

همه [با خشم] آرام!

وزیر دست راست قبل از اینکه امیر خشمگین شود، آرام شوید.

همه آرام!

[هر دو زن ترسان جلاد را رها کرده، حیران به اطراف نگاه می‌کنند.]

وزیر دست راست خجالت بکشید، امیر شیرعلی دستور دادند اینجا حاضر شوید تا اختلاف شما در این بهار نو برای همیشه حل شود. ایشان خیر شما را می‌خواهند.

قمرخانم مشکل من با همهٔ عالم حل می‌شه الّا با این زنیکه.

باجی‌خانم زنیکه خودتی که مرتب بی‌ربط حرف می‌زنی!

قمرخانم خودت بی‌ربط حرف می‌زنی!

باجی‌خانم من بی‌ربط حرف می‌زنم یا تو؟

قمرخانم معلومه که تو! همهٔ عالم می‌گن حق با منه، ولی کو گوش شنوا.

باجی‌خانم چرا دروغ می‌گی؟ کی تا حالا گفته حق با توئه؟

قمرخانم بـه مـن مـی‌گی دروغ‌گـو؟ [بـه او حملـه‌ور می‌شـود] خودت دروغ‌گویـی، زنِ هیچی‌نفهـم.

وزیر دست راست بس کنید. اختلاف شمـا چیست؟ به زبان آورید تـا امیر مهربان قضاوت کنـد، حکم که صادر شـد، اختلاف حل می‌شـود.

قمرخانم آخـه اختلافـی نیسـت که بگـم! ولـی این نمی‌ذاره! اگـه این خانـم شـلوغ نکنـه، تعریـف می‌کنـم.

باجی‌خانم بیا، دهن من بسته، بفرمایید، خانم!

قمرخانم مـن مرغی دارم کـه روزی دو تـا تخـم می‌ذاره. ایـن خانـم همسایـهٔ ماسـت. هـر روز میـاد دم خونه من می‌گـه یکی از تخم‌مرغ‌هـا مـال منـه. آخـه یکـی نیسـت بپرسـه، مـرغ مال توسـت؟ خونـه مال توسـت؟ تـو بـه مـرغ دون و آب دادی؟ آخـه بـرای چـی از مـن طلبکاری؟

باجی‌خانم جـوری حرف می‌زنه که انگار مـن از پشـت کـوه اومدم و عقلم سر جاش نیست. شـما قضاوت کنید هیچ مرغی بدون خروس تخم می‌ذاره؟ اگه خروس مـن نباشـه، چـه‌جـوری این مرغ تخم مـی‌ذاره؟ تخم‌مرغـی که با همت مرغ و خروس درسـت شـده، صاحبش هر دوی اون‌ها هسـتند. این‌طور نیسـت؟

قمرخانم مـرغ بدون خـروس هـم تخم می‌ذاره! می‌گـی نه! خروسـتو جمـع کن تـا به تو ثابت بشـه! اصلاً خـروس تو بـا اجازهٔ کی می‌پـره رو مرغ ایـن و اون؟ مـرغ مـن کـه راضـی نیست!

باجی‌خانم به تـو گفته راضـی نیسـتم؟ می‌شـه بفرمایید مـرغ چه‌جوری می‌گه راضـی‌ام یا نیسـتم. نکنه باید سفرهٔ عقد پهن می‌کردیم تـا بله‌گفتـن عروس‌خانم رو شـما هم بشنوی.

قمرخانم خروسـش بی‌اجازه پریـده رو مـرغ مـن، حـالا زبونش هم

درازه. خروس رو ادب کن، خانم! باید چند تا ترکه بخوره تا از این کارها نکنه.

باجی‌خانم خروس رو بزنم؟ خجالت هم خوب چیزیه، خانم. اگه راست می‌گی، تو چرا مرغ خودت رو ول می‌کنی توی کوچه...

وزیر دست راست ... صبر کنید. حکم را امیر صادر می‌کند نه شما. [رو به امیر] امیر چه می‌فرمایند؟

امیر [رو به وزیران] چه عرض کنم. نصیحت شاعر شیرین‌سخن رو یاد کنید که گفت، [کاسهٔ گدایی را جلو می‌آورد] اندک‌اندک به هم شود بسیار – دانه دانه است غله در انبار. دیگه خود دانید و حکم.

وزیر دست راست امیر حکم را به وزیران سپردند.

وزیر دست چپ وزیر دست راست!

وزیر دست راست جانم به فدایت، بگو.

وزیر دست چپ با مرغی که در کوچه پرسه بزند و دل از خروس‌های همسایه ببرد، چه باید کرد؟

وزیر دست راست باید هر چه زودتر خورش شود.

وزیر دست چپ خورش چی؟

وزیر دست راست فسنجان یا بادمجان یا که زرشک پلو، تصمیم با امیر است.

وزیر دست چپ با خروس متجاوز چه باید کرد؟

وزیر دست راست لایق سیخ کباب است روی ذغال گداخته، تا با نان داغ نوش‌جانِ امیر شود.

امیر خدا به شما عمر طولانی عطا کنه. خدا شما وزیرها رو گرسنه نگه نداره.

وزیر دست چپ [رو به دو پیرزن] حکم را شنیدید. هر چه زودتر مرغ و خروس را بیاورید.

قمرخانم فکر کردید! به‌خدا قسم تخم اون رو به شما نمی‌دم، چه برسه به خودِ مرغ.

باجی‌خانم اصلاً من از سهم خودم گذشتم. حالا کسی جرئت داره به خروس من نزدیک بشه، به ولای علی دست‌هاش رو می‌شکنم.

وزیر دست راست حکم خوانده شد و عوض‌شدنی نیست. تا غروب، اگر مرغ و خروس را آوردید که هیچ، وگرنه جلاد به‌زور از شما می‌ستاند.

باجی‌خانم [در حال رفتن] غلط کرده [رو به جلاد] جرئت داری نزدیک خونهٔ من شو، قوچ‌علی.

قمرخانم [در حال رفتن] پری از مرغ من کم بشه، علی‌آباد رو روی سرت خراب می‌کنم، قوچ‌علی.

وزیر دست راست فراموش نکنید که این حکم امیر علی‌آباده، امیر شیرعلی!

باجی‌خانم واه... واه... دنیا رو ببین چه فیسه،

قمرخانم خرچوسونه رئیسه.

[دو پیرزن خارج می‌شوند.]

امیر جلاد!

جلاد جانم به فدای امیر، امر بفرمایید.

امیر این‌طور که معلومه باید سراغ مرغ و خروس بری. اما بگو ببینم چطور تو با این هیکلت حریف این دو پیرزن نشدی؟

جلاد قربانت گردم، هر کدام سگی بزرگ دارند، یکی پاچهٔ راستم را گرفت و دیگری پاچهٔ چپم، تا گوش‌هایم را پیرزن‌ها

نگرفته بودنـد، رهایـم نکردند. چاره‌ای جز تسـلیم نداشـتم. حتـم دارم اگـر سـراغ مرغ و خـروس روم، همان خواهد شـد که قبـلاً بـه سـرم آمد.

امیر   [رو بـه وزیرهـا] این‌طور کـه معلومـه، مـرغ از قفـس پرید. فسنجان و کبـاب دود شـد و هـوا رفت.

وزیر دست راست   [ناراحت] کسی نباید از دستور امیر سرپیچی کند!

وزیر دست چپ   چاره‌ای باید کـرد. ایـن کار از عهدهٔ جلاد به‌تنهایـی خارج است.

وزیر دست راست   به‌گمانم جنگجوی سواره و پیاده لازم است.

وزیر دست چپ   آمادگی اهالی علی‌آباد لازم است.

وزیر دست راست   [رو بـه اهالـی] مـردم علی‌آباد! امیر هـر آبـادی، شـرف و افتخـار اهالی آنجاسـت. اگـر می‌خواهید سـالی پربرکت در پیش داشـته باشـیم، اگر می‌خواهید در سـال نو ناخوشـی به آبـادی نیایـد، باید امـر امیر اجرا شـود.

همه   درسته، درسته.

وزیر دست چپ   امـروز دو نفـر نـه تنهـا در مقابـل امـر امیـر مقاومـت کردند، بلکـه او را هـم تحقیر کردند. مسـلم اسـت که آن‌ها خودی نیسـتند! دشـمن‌اند! دشـمنان سـگ دارنـد و بـه آن می‌نازند.

وزیر دست راست   از گازگرفتن سـگ نترسید کـه هـر زخم تا ابد نشـانهٔ وفاداری و افتخـار هر علی‌آبادی است.

وزیر دست چپ   آماده‌اید از شگون علی‌آباد دفاع کنید.

همه   آماده‌ایم، آماده.

وزیر دست چپ   آماده‌اید به دشمن حمله کنیم؟

همه   آماده‌ایم، آماده.

وزیر دست چپ آماده‌اید تا از عزت امیر دفاع کنید؟

همه آماده‌ایم، آماده.

وزیر دست چپ آماده‌اید که فرمان امیر را اجرا کنیم؟

همه آماده‌ایم، آماده.

وزیر دست راست طبال بر طبل بکوبد. رقاصان، رقص جنگ کنند که غروب حمله را آغاز می‌کنیم.

[رقص و آواز رزمی برقرار می‌شود. اهالی مانند سربازان حول میدان رژه می‌روند. امیر روی سکویی ایستاده برای آن‌ها دست تکان می‌دهد. بعد از مدتی یکی از اهالی از صف خارج شده، آرام جلو آمده در گوش وزیر دست راست چیزی می‌گوید و دوباره به جای خود برمی‌گردد.]

وزیر دست راست چه نشسته‌اید که خبر آوردند میان ما ناخلفی است.

امیر میان ما؟!

وزیر دست راست میان این جمع شریف، شیطانی پنهان شده.

امیر از کجا فهمیدی؟

وزیر دست راست دیوار است و موش، موش است و گوش!

امیر موش هم مگه حرف می‌زنه؟

وزیر دست راست موش ما مأموری است ناشناس، از میان اهالی.

امیر [با نگرانی] نکنه این موش هم مژدگانی می‌خواد؟

وزیر دست راست نخیر قربان! حق او در آخرت محفوظ شده.

امیر خدا رو شکر که با من کاری نداره. خب این موش چی گفت؟

وزیر دست راست خبر رسید ناخلفی میان ماست که ضد فرمان امیر شیرعلی سخن می‌گوید.

وزیر دست چپ [با تعجب] ضد امیر شیرعلی!؟

وزیر دست راست ضد امیر شیرعلی.

وزیر دست چپ کجاست این ناخلف، احضارش کن تا ریش و سبیلش را جلاد از ریشه درآورد.

وزیر دست راست آرام باش، ندیده و نشنیده حکم نکن! این ناخلف اصلاً ریش و سبیل ندارد.

وزیر دست چپ جن است یا پری؟

وزیر دست راست نه جن است نه پری، آشناست؛ خواهر خودت است.

وزیر دست چپ خواهر من؟!

امیر کجاست؟ صداش کن بیاد جلو، می‌خوام بدونم با من با چه دشمنی‌ای داره؟

وزیر دست راست الساعه [آرام به امیر] همین الان یا بعد از حمله؟

امیر تا غروب خیلی مونده، همین الان بهتره.

وزیر دست راست [با صدای بلند] خواهر میرزاعلی! [کسی جلو نمی‌آید] گفتم خواهر میرزاعلی بیاید جلو.

آتیه میرزاعلی دو خواهر داره، کدامشون رو صدا می‌زنید؟

وزیر دست راست آن‌کس که بر ضد فرمان امیر شیرعلی سخن گفت. آن‌کس که موش فال‌گوشش بود!

آتیه [اعتراضی] اسم من آتیه‌ست!

همه [با تعجب] واه... ی...!

آتیه من نه از موش علی‌آباد می‌ترسم، نه از حکم میر نوروزی. من بودم که گفتم با حمله به خونهٔ پیرزن‌ها مخالفم. من بودم که گفتم با تمام توانم جلوی این کار رو می‌گیرم.

امیر آخه واسهٔ چی با من دشمنی می‌کنی، جوون؟

آتیه دشمنی‌ای با میر نوروزی ندارم. تا حالا هر سال در این مراسم شرکت کردم. این مراسم همیشه سرشار از خنده و

شادی بود، اما این بار کار به جایی کشیده شده که قصد حمله به خونه‌ها رو دارید. سال نکو نخواهیم داشت اگه بهارش با گریه و بدبختی عده‌ای شروع بشه.

وزیر دست چپ چه می‌گویی خواهر، وقتی سال نکو خواهیم داشت که فرمان میر نوروزی اجرا شود!

آتیه تا فرمان چی باشه؟ اگه بگه همه خودشون رو بندازن تو چاه، همین کار رو رو می‌کنید؟

وزیر دست چپ این چنین سخن نگو، تا به‌حال چنین فرمانی نیامده! آیا تا به‌حال جز خنده و شادی چیز دیگری دیده‌ای؟

آتیه حق با توست برادرم، خنده‌داره که اهالی علی‌آباد عزم خود را جزم کرده تا شبانه به خونهٔ دو پیرزن حمله کنه. خنده‌داره که هدف این حمله سربریدن مرغ و خروس اون‌هاست. اما گریه‌داره وقتی فکر کنیم که این دو پیرزن چطور سال رو شروع می‌کنند.

وزیر دست راست هذیان نگو دخترک، مواظب حرف‌زدنت باش! تشویش اذهان اهالی در حکومت میر نوروزی نابخشودنی است.

آتیه تشویش اذهان!؟

وزیر دست راست با این افکار شک و تردید در اجرای فرمان ایجاد می‌کنی. تو در این راه اخلال می‌کنی.

آتیه اخلال؟

وزیر دست راست اخلال و تشویش اذهان عمومی، حکم سنگینی دارد.

وزیر دست چپ [وزیر دست راست را به کناری می‌برد و بسیار آرام] حواست باشه که این خواهر منه، حکم تازیانه یا حبس یه وقت توی کارت نباشه.

وزیر دست راست حواسم هست. وثیقه چطوره؟

وزیر دست چپ وثیقه از خواهر من؟

وزیر دست راست چطوره برای همیشه تو خونه زندانی بشه؟

وزیر دست چپ عالیه، یادم باشه تلافی کنم.

وزیر دست راست [با صدای بلند رو به آتیه] حکم صادر می‌شود. برای همیشه در خانهٔ خود محبوس شود.

آتیه برای همیشه؟!

وزیر دست چپ برای همیشه!

آتیه [می‌خندد] ولی میرنوروزی فقط پنج روز حکومت می‌کنه. بیشتر از این نمی‌تونه حکم کنه.

امیر چی؟ فقط پنج روز؟

آتیه [رو به امیر] سخن در پرده می‌گویم چو گل از غنچه بیرون آی - که بیش از پنج روزی نیست حکم میر نوروزی.

امیر اگه من امیرم، فرمان می‌دم این پنج روز به پونصد سال تغییر کنه [رو به وزیرها] دستور می‌دم! [سکوت] زودتر دست‌به‌کار شید. [با التماس] خدا به شما اجر بده.

وزیر دست راست [رو به جلاد] خواهر میرزاعلی نباید با کسی صحبت کند. حکم می‌شود از همین ساعت در خانهٔ خود محبوس شود. دو مأمور هم در خانه بگذارید تا خارج نشود.

آتیه قبول، این چند روز توی خونه می‌مونم. بعد از اونکه امیر شیرعلی دوباره ابوگدا شد، دلم می‌خواد ببینم با چه رویی توی علی‌آباد گدایی می‌کنه.

وزیر دست راست بی آنکه کلمه‌ای دیگر بگویی، راهی خانه شو. [رو به جلاد] ببریدش.

[جـلاد و دو نفـر دیگـر همـراه آتیـه از صحنـه خارج می‌شـوند. امیـر مات و مبهـوت بـه اطـراف نـگاه می‌کنـد و نگـران قـدم می‌زنـد.]

وزیر دست چپ   [رو به امیر] به گمانم امیر میل به شکار دارند؟

امیر   نه! از ترس شکاربند شدم.

وزیر دست چپ   [نگـران] جانم به قربانت، ترس بـرای چه؟ [به اطـراف نگاه کـرده، بـا عجلـه و بـا صـدای بلنـد] جلسۀ اختـلاط برگزار می‌شـود. چشـم‌ها و گوش‌هـا بسـته!

[همه گوش‌ها را می‌بندند و پشت به صحنه می‌کنند.]

امیر   ماجرای این پنج روز حقیقت داره؟

وزیر دست چپ   پنج روز میر نوروزی؟

امیر   همونی که دخترک می‌گفت.

وزیر دست چپ   رسـم بوده و است که مدت حکومت میر نـوروزی پنج روز باشد.

امیر   خُب، پس شما چه‌کاره‌اید؟ هر چه زودتر عوضش کنید!

وزیر دست چپ   چطور!؟

امیر   پنـج روز رو بکنیـد پنجـاه سـال... نـه! ...نـه! مادام‌العمـری بهتـره.

وزیر دست چپ   نمی‌شود، قربان.

امیر   چرا نمی‌شـه، همـه پادشـاه‌ها نـه تنهـا مادام‌العمـری امیری می‌کنند، بلکه پسرهاشون هم از همون نطفه ولیعهد می‌شن. مگـه مـن چـی کـم دارم؟

وزیر دست چپ   چه عرض کنم. نمی‌شود، این فقط یک بازی...

امیر   ... چرا نمی‌شـه؟ مگـه نبایـد دسـتور امیـر اجـرا بشـه؟ مگه نمی‌خواهیـد علی‌آبـاد آبادتـر بشـه؟

وزیر دست چپ تـوی این بـازی بعضـی از دسـتورهای امیـر اجرایـی نیسـت. اگر شـما امر بفرمایید خورشـید طلـوع نکند، اجـرای این امر از تـوان ما خـارج اسـت.

امیر خـودت گفتـی وقتـی امیر شـی، صاحب چـراغ جادو می‌شـی، اون‌وقـت آرزوهـا در چشـم‌به‌هم‌زدنی بـرآورده می‌شـه!

وزیر دست چپ نه هر آرزویی، قربان.

امیر ببین حضرت عباسی، پنجاه سالش کن و کار رو تموم کن!

وزیر دست چپ نمی‌شود!

امیر بیست سال چطور؟

وزیر دست چپ نه! نمی‌شود.

امیر ده سال که می‌شه؟

وزیر دست چپ از پنج روز یک روز هم بیشتر نمی‌شود!

امیر مرده‌شور این چراغ جادوی شما رو ببره.

وزیر دست چپ پنج روز امیری کم نیست. کمال استفاده را ببرید، قربان.

امیر [تـاج را از سـر برداشـته بـه زمیـن پرتـاب می‌کنـد] بدبخت شـدم.

وزیر دست راست چرا چنین می‌گویید، قربان؟

امیر ببینم شـما فکر می‌کنید... واروژان و صفرعلی... برای اجرای حکـم فـردا حاضـر می‌شـن؟

وزیر دست راست خیالتـان راحـت، هـر دو حاضر بودند کـه پنجاه سکه دهند و تازیانه نخورند. به شـما قـول می‌دهم که الان هـر کدام در سوراخی پنهان شـده‌اند. خیالتان راحت، پیدایشان نمی‌شود. سکه‌ها به شـما می‌رسـد، بی‌هیچ نگرانی‌ای!

امیر بی‌هیچ نگرانی‌ای!؟ بعد از پنج روز، چی؟

وزیر دست راست هیچ، همه‌چیز تمام می‌شود و کسی از کسی طلبکار نیست.

امیر کسی از کسی طلبکار نیست!؟ حتم دارم اگه به دست واروژان بزاز بیفتم، برای اینکه دلش خنک بشه، جلوی همه... اگر سر از تنم جدا نکنه، حتماً ختنه‌ام می‌کنه.

وزیر دست راست نمی‌تواند، قربان! شما از بچگی مسلمان بوده‌اید.

امیر کینه... کینه، این حرف‌ها حالیش نیست [رو به وزیرها] شما بدبختم کردید!

وزیر دست راست بدبختان کردیم؟!

امیر توی علی‌آباد برای خودم کسی بودم. سکه‌ای گدایی می‌کردم و روز رو به شب می‌رسوندم. نمی‌دونم بعد از این پنج روز چه خاکی به سر کنم. کجا باید فرار کنم؟ بدبخت شدم [شنل را از دوش بر می‌دارد و زمین می‌اندازد] نه... نمی‌خوام امیر پنج‌روزه باشم. کس دیگه‌ای رو پیدا کنید.

[گریه می‌کند.]

وزیر دست راست گریه نکنید، گریه شایستهٔ امیران نیست! شما هنوز امیر علی‌آباد هستید.

امیر [با التماس] خدا به شما عوض بده، چاره‌ای کنید.

وزیر دست راست شما امر بفرمایید، ما اجرا می‌کنیم.

امیر کاری کنید زودتر از امیری خلاص شم.

وزیر دست راست فقط چهار روز دیگر مانده، تحمل کنید. ما در این چهار روز گوش‌به‌فرمان شماییم.

امیر [با خشم] فرمان می‌دهم! چاره‌ای کنید که زودتر این شاه‌بازی تموم بشه.

وزیر دست چپ چارهٔ کار در دست امیر است.

امیر   چطور؟

وزیر دست چپ   میر نوروزی وقتی قهقهه کند، حاکمی به پایان می‌رسد.

امیر   [گریه می‌کند] بلد نیستم. من در عمرم خنده نکردم، چه برسه به قهقهه.

وزیر دست چپ   یادتان می‌دهیم.

امیر   خوب، بدهید.

وزیر دست چپ   به چیزهای خنده‌دار فکر کنید. چشم‌های خود را ببندید. خودتان را رها کنید و از ته دل بخندید. مثل من [مکث می‌کند، چشم‌ها را می‌بندد و آرام‌آرام قهقهه سر می‌دهد] حالا نوبت شماست. همین کار را انجام دهید.

امیر   [مکث می‌کند، چشم‌ها را می‌بندد و آرام‌آرام با صدای بلند گریه می‌کند] خوب بود.

وزیر دست چپ   عالی بود قربان، ولی بیشتر شبیه زاری بود تا قهقهه.

امیر   بلد نیستم بخندم، نامسلمون! من همین‌جوری می‌خندم، به جماعت بگو که قهقهه بود.

وزیر دست چپ   باور نخواهند کرد.

امیر   باور می‌کنن. این جماعت که قبول کرده من امیرم، خیار رو جای خربزه قبول کرده، قبول می‌کنه که ماست هم سیاه می‌شه، باید گریهٔ من رو هم جای خنده قبول کنه.

وزیر دست چپ   به‌روی چشم، فقط وقتی قهقهه می‌زنید، به‌جای غنچه‌کردن لب‌ها، آن‌ها را از هم باز کنید. اجازه دهید یک‌بار دیگر تمرین کنیم.

امیر   [مکث می‌کند. چشم‌ها را می‌بندد و آرام گریه می‌کند. سپس صدای خود را بلندتر و لب‌ها را گشاد می‌کند.] خوب بود.

وزیر دست چپ بی‌نظیر بود قربان، بی‌نظیر.

امیر دستور می‌دم اوضاع رو ماست‌مالی کنید.

وزیر دست راست منظورتان چیست، امیر؟

امیر یه جوری این حکم‌ها رو ماست‌مالی کنید که وقتی ابوگدا شدم، کسی سراغم نیاد.

وزیر دست راست به‌روی چشم قربان. امر دیگری هم هست؟

امیر نه! ببینم چه می‌کنین. دعاتون می‌کنم.

وزیر دست راست [با صدای بلند] چشم‌ها و گوش‌ها باز، ختم جلسه اعلام می‌شود. [همه رو به صحنه کرده، دست از گوش برمی‌دارند و شادی می‌کنند] مژده، مژده که امیر شیرعلی، شیر شیران، یاور علی‌آباد، سخاوتمندِ سخاوتمندان، قصد دارند نوروزی عطا فرمایند. [شادی بیش‌ازحد حضار] چوب و چماق‌ها را بر زمین بگذارید که فرمان صلح صادر شد.

امیر آره، آشتی بهتر از جنگه. درسته، همهٔ مرغ و خروس‌ها به‌مناسبت سال نو بخشیده شدند.

[شادی همگانی]

وزیر دست راست امیر عادل، خواهر میرزاعلی را هم بخشیدند. خبر به او برسانید و به او شادباش بگویید. و اما واروژان و صفرعلی، آیا میان جمعیت‌اند؟

یک نفر دیدم که هر دو فرار می‌کردند. دنبال جایی بودند برای پنهان شدن.

وزیر دست چپ حیف شد. اگر کسی آن‌ها را دید، بگویید که امیر آن‌ها را بخشید.

امیر تو رو به‌خدا شاهد باشید، بخشیدم.

وزیر دست راست اکنون بکوبید و برقصید که امیر به شیرین‌ترین و خنده‌دارترین رقص پنج سکه جایزه می‌دهند.

[نوازنـدگان می‌نوازنـد و حضـار گاهـی به‌صـورت تکـی و گاهی دونفره به وسط میـدان می‌آینـد و رقص‌های خنـده‌دار و جورواجـور عرضه می‌کننـد. جمعیت با هـر رقـص، می‌خندنـد و شـادی می‌کننـد. امیر نیز کم‌کـم می‌خنـدد. خنده‌ای کـه شـبیه گریه‌کردن است. بـا آخرین رقـص، امیـر زجه‌کنـان لب‌های خـود را تـا انتهـا از هـم باز کـرده و بـه وزیرها نگـاه می‌کند.]

وزیر دست راست امیر قهقهه زد!

وزیر دست چپ امیر قهقهه زد!

همه امیر قهقهه زد!

وزیر دست راست امیر از میر نوروزی خلع شد.

وزیر دست چپ امیر از میر نوروزی خلع شد.

همه امیر از میر نوروزی خلع شد.

[کسـی جلـو می‌آیـد و بـا بی‌احترامـی تـاج را از سـر امیر برمی‌دارد. دیگری جلـو آمـده شنل او را از تـن درآورده و می‌بـرد. وزیرهـا و جلـاد هـم لبـاس مخصـوص را از تـن بیـرون می‌آورند. امیر کاسهٔ گدایی را برداشتـه به‌سـرعت از صحنـه خـارج می‌شـود.]

کارگردان [وارد می‌شود، رو به تماشـاچی] می‌بخشید که نمایش زودتر از زمـان مقـرر که پنـج روز بـود، تمـوم شـد، راستش تقصیر امیـر بود.

بعـد از اینکـه امیـر فـرار کـرد، در محلـه حرف‌هـا شـد، یکـی می‌گفـت این نشـانهٔ نادانـی امیـر بـود که بـازی رو زود تمومـش کـرد و رفـت. دیگـری می‌گفـت، اتفاقاً نشـانهٔ هوشیاری امیر بود کـه زودتر خودش رو کنار کشـید. هـر چـه بـود عمـر میـر نـوروزی امسـال ما، فقـط یـک روز بود. امـا باید

بگـم در روزگارهای گذشته نمایش این‌طور کوتـاه نبوده. اغلـب امیرها پنج روز کامـل و در برخـی مناطـق سیزده روز تموم حکمرانی می‌کردند.

امـا همیشـه این‌طور نبـود، این اواخـر امیرانـی هـم داشتیم کـه بعد از سـیزده روز حاضـر نمی‌شـدند کنـار بکشـند. این‌جـور امیرها باور نداشـتند کـه بـازی بـه آخـر رسـیده، به‌هیچ‌وجـه نمی‌خواسـتند کناره‌گیـری کننـد. اون‌هـا روز و شـب تـوی محلـه می‌گشـتند و بـا صـدای بلنـد به مـردم امر و نهـی می‌کردنـد. در ایـن مواقـع بـرای اهالـی فقط یک چـاره وجـود داشـت، امیـر رو می‌گرفتنـد و تـوی طویلـه محبـوس می‌کردنـد تـا روزی کـه بـه خـودش بیـاد و بفهمـه بـازی تمـوم شـده. بـه هـر صـورت مـژده به شـما کـه امیـر قصـه مـا بـه‌راحتـی رفـت و بهـاری نـو آمد.

همه   [جلوی صحنه می‌آیند و می‌خوانند]

مژده ای دل که دگرباره بهار آمده است

خوش خرامیده و با حسن و وقار آمده است

به تو ای باد صبا می‌دهمت پیغامی،

این پیامی‌ست که از دوست به یار آمده است

شاد باشید در این عید و در این سال جدید،

آرزویی‌ست که از دوست به یار آمده است

مرتضی مشتاقی

ونکوور، ۱۴ نوامبر ۲۰۲۱

بخشی از فعالیت‌های مرتضی مشتاقی

نمایش

- نمایش «سیاه‌گوش» (برای کودکان و نوجوانان) نویسنده و کارگردان: مرتضی مشتاقی، محل اجرا: کانون پرورش فکری کودکان و نوجوانان، تهران، ۱۳۵۶

- نمایش «حقیقت و مرد دانا» (براساس قصه‌ای از بهرام بیضایی) کارگردان: مرتضی مشتاقی، (برای کودکان و نوجوانان)، محل اجرا: کانون پرورش فکری کودکان و نوجوانان، تهران، ۱۳۵۶

- نمایش «ماهی سیاه کوچولو» (براساس قصه‌ای از صمد بهرنگی) کارگردانی مشترک: مرتضی مشتاقی و منصور خلج محل اجرا: تئاتر شهر، تهران، ۱۳۵۷

- نمایش «زندان اطفال»، نویسنده و کارگردان: مرتضی مشتاقی، محل اجرا: ادارهٔ برنامه‌های تئاتر و دانشگاه هنرهای دراماتیک، تهران، ۱۳۵۸

کتاب

- نمایشنامهٔ «کوپن»، مرتضی مشتاقی، انتشارات بهمن، ۱۳۵۸

- نمایشنامهٔ «انقلاب و ضدانقلاب»، مرتضی مشتاقی، انتشارات بهمن، ۱۳۵۸

- نمایشنامهٔ «بهاران خجسته باد»، مرتضی مشتاقی، انتشارات بهمن، ۱۳۵۸

- کتـاب پژوهشـی «تبـار حاجی‌فیـروز و غـلام»، مرتضی مشـتاقی، انتشـارات آفتـاب، ۱۳۹۹

نمایش‌های خارج‌ازکشور

- نمایش «رهایی پرندگان صلح»، نویسـنده و کارگردان: مرتضی مشتاقی، محل اجرا: آکروپلیس، آتـن، یونان، ۱۹۸۷
- نمایش «بچه‌هـا بیایید با هـم گل بکاریم» (برای کـودکان و نوجوانان)، نویسنده و کارگردان: مرتضی مشـتاقی ونکوور، کانادا، ۱۹۸۹
- نمـایش «بچه‌هـا نـوروز» (بـرای کـودکان و نوجوانـان) نویسـنده و کارگـردان: مرتضـی مشـتاقی، ونکـوور، کانـادا، ۱۹۹۰
- نمایش «بشنو از نی»، نویسـنده و کارگردان: مرتضی مشتاقی، تورنتو و ونکوور، کانادا، ۱۹۹۰
- نمـایش «قصه‌هـای جنگل»، (بـرای کـودکان و نوجوانـان) نویسـنده و کارگردان: مرتضـی مشـتاقی، ونکوور، کانـادا، ۱۹۹۳
- نمایش«پاسـخ‌های ملانصرالدیـن» نویسـنده و کارگـردان: مرتضی مشـتاقی، ونکـوور، کانـادا، ۱۹۹۷
- نمایش «نگاه سوم»، نویسنده و کارگردان: مرتضی مشتاقی، ونکوور، کانادا، ۱۹۹۸
- نمایش (به‌زبان انگلیسـی) «کابوس‌های یک راننده‌تاکسـی»، نوشـته‌ای مشـترک: سی‌جی هافمن و مرتضی مشتاقی، کارگردان: مرتضی مشتاقی، ۱۹۹۹
- نمایش «نوعـی از هنر، نوعـی از اندیشـه»، نویسـنده و کارگـردان: مرتضی مشـتاقی، ونکـوور، کانـادا، ۲۰۱۰
- نمایش «ماسک»، نویسنده و کارگردان: مرتضی مشتاقی، ونکوور، کانادا، ۲۰۱۰
- نمایش «واخوان»، نویسنده و کارگردان: مرتضی مشتاقی، ونکوور، کانادا، ۲۰۱۷